AF260121

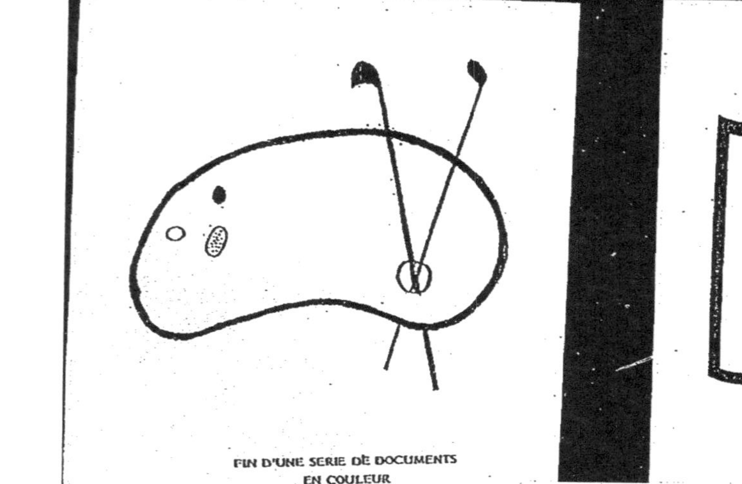

CAHIER (S) OU PAGE (S) INTERVERTI (S) A LA COUTURE
RETABLI (S) A LA PRISE DE VUE.

DE LA PAGE 1
À LA PAGE 16

Couverture inférieure manquante

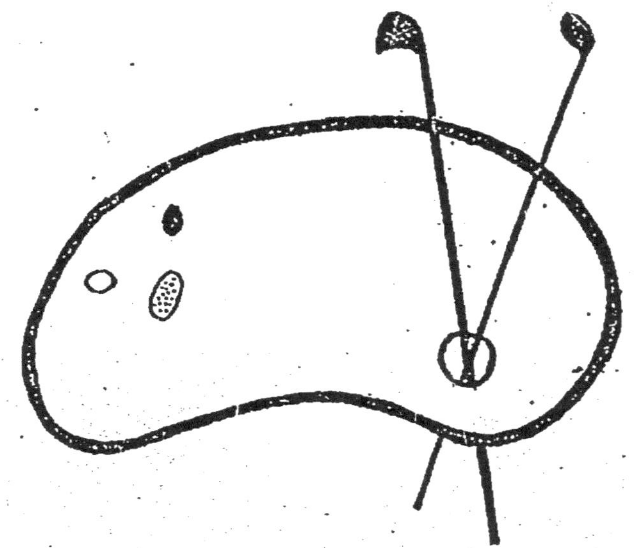

DEBUT D'UNE SERIE DE DOCUMENTS
EN COULEUR

DÉPÔT LÉGAL
MAYENNE
1911

QU'EST-CE
QU'UNE BANQUE

RAPHAEL-GEORGES LÉVY

Membre de l'Institut.

QU'EST-CE

QU'UNE BANQUE

PARIS

LIBRAIRIE BERNARD GRASSET

61, Rue des Saints-Pères, 61

1918

QU'EST-CE QU'UNE BANQUE

CHAPITRE PREMIER

GÉNÉRALITÉS

La banque ! Le banquier ! voilà des mots que chacun de nous emploie couramment sans se représenter d'une façon bien nette l'objet ou la personne qu'ils prétendent désigner. Par une sorte d'affaiblissement du langage, ces vocables, qui jadis désignaient d'une façon précise le commerce de l'argent et ceux qui s'y livraient, — le nom leur était venu du banc sur lequel ils rangeaient leurs monnaies et que l'on brisait lorsqu'ils ne faisaient pas honneur à leurs engagements, d'où le nom de banqueroute *banco-rotto*, — sont appliqués aujourd'hui à des professions n'ayant entre elles que peu de points communs. M. de Rothschild est un banquier ; et le coulissier qui exécute à la bourse les ordres d'achat et de vente de sa clientèle en valeurs mobilières se couvre du même titre. Le Crédit Lyonnais est une banque ; banque aussi la boutique du changeur qui s'ouvre à l'ombre du palais du boulevard des Italiens, où siège l'établissement dont le capital et les réserves atteignent presqu'un demi milliard. D'autre part le mot banque ne s'applique pas seulement à un particulier, à une maison ou à une société qui se livre au genre de négoce que nous allons essayer de définir ; il est souvent employé pour qualifier l'ensemble des opérations effectuées par ces individus ou ces collectivités.

Quoi d'étonnant dès lors à ce que l'opinion s'égare en cette matière et ait une tendance à demander à cette branche de l'activité humaine autre chose et plus que ce qu'elle peut donner, et à ce que les hommes dont le métier consiste à gérer les capitaux monnayés soient investis, dans l'imagination populaire, d'une puissance supérieure à celle qu'ils exercent en réalité ?

Un projet de loi, qui a été déposé le 16 juillet 1918 par les ministres des finances, de la justice et du commerce, prescrit que désormais un chèque ne puisse être tiré que sur un *banquier* ou un agent de change. Il serait nécessaire de définir le banquier avant d'inscrire ce mot dans un texte législatif. Faute de quoi des difficultés d'application résulteront du fait que le fisc n'acceptera pas la qualification que s'attribueront certaines catégories de financiers.

La monnaie sous toutes ses formes, espèces, billets de banque, les ordres ou promesses de payer, tels qu'effets de commerce, lettres de change, billets à ordre, chèques, rentes, obligations, bons, les parts d'entreprise exprimées en sommes déterminées sous forme d'actions, voilà les objets auxquels s'applique aujourd'hui l'activité bancaire. Rien de ce qui concerne la création, l'émission, la négociation des objets que nous venons d'énumérer, ne lui est étranger. C'est un vaste domaine, sur lequel s'échafaudent à l'infini des transactions, des combinaisons de tout genre et auquel viennent aboutir la plupart des autres modalités de la vie économique moderne. Le développement immense des dettes publiques d'une part, des sociétés anonymes de l'autre, en créant et en mettant en circulation des milliards de titres, a tout d'un coup élargi démesurément les frontières de la banque, et amené une confusion entre ce qui en est l'objet propre et ce qui logiquement devrait être rangé dans un autre département, celui de la finance. Aussi longtemps que cette efflorescence des valeurs mobilières qui est la caractéristique du monde moderne, particulièrement depuis le milieu de xixe siècle, ne s'était pas produite, les banquiers étaient restés beaucoup plus étroitement confinés dans ce que l'on peut considérer comme leur attribution primordiale, le commerce de l'argent. Celui-ci les conduisait bien à s'occuper également de finances. Le fait qu'ils avaient en main, soit du chef des dépôts qui leur étaient confiés soit de par leur fortune personnelle, la disposition de capitaux importants amenait à eux les souverains et les particuliers qui avaient besoin d'emprunter. Mais ces opérations ne donnèrent pas, au début, lieu à la création de titres susceptibles d'être négociés. Des comptes étaient ouverts, en vertu desquels les emprunteurs recevaient des espèces ou des lettres de change sur les pays où ils avaient des paiements à effectuer.

Dans le monde moderne, le rôle de la banque est partiellement rempli par des sociétés anonymes qui ont pris, dans la seconde moitié du XIXe siècle, un développement de plus en plus considérable, lequel se poursuit sans interruption. C'est par milliards que se chiffrent les seuls capitaux de fondation de ces établissements qui ont dirigé leur activité dans des voies multiples. L'un des résultats de cette énorme expansion a été, conformément à la loi de la division du travail, la constitution de banques se spécialisant dans une branche déterminée. C'est ainsi que les établissements chargés de créer les billets se distinguent de ceux qui ont pour mission spéciale la réception des dépôts du public ; que ceux-ci à leur tour se séparent des banques d'affaires ; qu'un département distinct est formé par les banques hypothécaires, qui se font une spécialité des prêts sur gage immobilier. Sous l'influence des idées démocratiques, si puissantes dans la société contemporaine, des établissements spéciaux, connus sous le nom de banques populaires, ont été fondés dans le but de mettre à la portée des ouvriers et des paysans les bienfaits du crédit. Les Caisses d'épargne sont en réalité des banques de dépôt gérées par l'État ou sous la surveillance de l'État : elles ont une clientèle en majorité populaire et se distinguent des banques proprement dites par la modicité du chiffre de chaque compte considéré isolément. Mais, comme le nombre de ces comptes est considérable, l'addition en forme un total imposant, qui fait souvent des Caisses d'épargne les égales, sous ce rapport, des plus grands établissements de crédit. On a calculé que l'ensemble des dépôts des Caisses d'épargne du monde dépasse 100 milliards de francs. Lorsqu'il existe un établissement central, comme la Caisse de dépôts et consignations en France, auquel doivent être versés les fonds disponible des Caisses d'épargne, la somme des capitaux ainsi réunis fait de cette Caisse une banque de première grandeur, qui gère plusieurs milliards.

Rôle national des Banques.

La simple énumération des ordres divers d'institutions vers lesquelles, dans tous les pays du monde, affluent les capitaux montre l'importance de ce rouage dans la vie économique des nations. Les Américains, qui dressent beaucoup de statistiques non seulement pour leur propre pays, mais pour ceux du dehors, ont, à diverses reprises, publié une évaluation de ce qu'ils appellent le pouvoir bancaire : ils l'expriment par l'addition des ressources dont disposent les sociétés et les maisons particulières (dans la mesure où il est possible d'être renseigné en ce qui concerne ces dernières). Ils le font régulièrement pour leur confédération, dont le pouvoir bancaire était estimé par eux à 25 milliards de francs en 1890 et à plus de 200 milliards en 1917. En 1890, les Etats-Unis représentaient un tiers du pouvoir bancaire du monde. Si celui des autres nations avait grandi dans la même proportion, le total général dépasserait aujourd'hui 600 milliards de francs : mais le développement n'ayant nulle part été aussi rapide que chez nos alliés d'outre-Atlantique, il est probable que le chiffre mondial est aux environs de 500 milliards de francs. Aux Etats-Unis, il représente environ le sixième de la richesse publique. Il est intéressant d'avoir cet ordre de grandeur présent à l'esprit pour se rendre compte du rôle joué par la question bancaire dans l'économie nationale.

Ce qu'il faut bien comprendre, c'est que les banques ne possèdent en propre que le capital versé par leurs actionnaires ou apporté par les associés d'une maison particulière, tandis qu'elles disposent de capitaux décuples ou vingtuples qui leur sont confiés par le public. Ces derniers capitaux sont une partie de la fortune nationale qui, au lieu d'être gérée directement par les propriétaires, est remise par eux aux organismes qu'ils considèrent comme particulièrement aptes à remplir cette fonction.

CHAPITRE II

BANQUES D'ÉMISSION

On appelle banques d'émission les institutions char-
gées de créer et de mettre en circulation les billets remboursables à vue et au porteur. Dans le langage vul-
gaire, on désigne parfois de ce nom les établissements
qui se font une spécialité d'émettre dans le public des
valeurs mobilières, d'ouvrir des souscriptions. Mais au
présent chapitre c'est uniquement dans le premier sens
que nous entendons l'émission.

On sait quel rôle jouent, dans le monde économique
moderne, les billets de banque, quel développement ils
ont pris, en particulier au cours de la présente guerre.
La quantité qui en circule sur le globe s'est augmen-
tée, depuis 1914, dans la proportion que nous indique-
rons plus loin. Ces billets constituent une promesse de
paiement en espèces de la somme indiquée, qui comporte
en général un chiffre rond de l'unité monétaire du pays,
par exemple 50, 100, 500 francs : ils émanent d'une
banque particulière, d'une banque d'Etat ou de l'État qui,
dans ce dernier cas, les crée directement. Mais, alors
même qu'il n'use pas de cette prérogative, il ne permet
pas que cette émission se fasse librement. Considérant
que, par l'usage, le billet est devenu un instrument monétaire et que tout ce qui concerne la monnaie est du
ressort de la puissance publique, les gouvernements se
sont réservé le droit de concéder, dans des conditions
fixées par le législateur, à des établissements déterminés,
la faculté de créer des billets. Lorsqu'ils exercent ce
droit eux-mêmes, ils le font de deux manières : ou bien
le Trésor émet les billets directement ; ou bien il crée
une Banque dont le capital est la propriété exclusive de
l'Etat et qui est chargée de ce soin, ce qui revient à peu
près au même que l'émission directe. Lorsque au contraire le droit est concédé à des établissements privés, dont

le capital est la propriété d'actionnaires particuliers, plusieurs modalités se présentent. Tantôt c'est un monopole attribué à un établissement unique, comme la Banque de France ; tantôt il est fractionné entre plusieurs sociétés, comme en Italie, où trois banques, celles d'Italie, de Naples et de Sicile émettent des billets ; tantôt le droit accordé à un nombre limité de sociétés, comme en Allemagne ou dans le Royaume-Uni, est destiné à se concentrer un jour dans un établissement unique, progressivement appelé à recueillir l'héritage des autres : telles la Banque impériale allemande et la Banque d'Angleterre. Une méthode différente, plus rarement employée, consiste à établir une législation en vertu de laquelle des banques émettent des billets, à condition de se conformer aux prescriptions de la loi : le nombre alors n'en est pas limité : c'est le cas des banques nationales aux Etats-Unis. Il convient d'observer qu'à ce système, qui était en vigueur chez nos alliés Américains depuis un demi-siècle, vient d'en être superposé un autre tout différent, celui des banques fédérales, dont nous aurons à reparler.

Telles sont les diverses modalités que nous rencontrons dans l'organisation des Instituts d'émission. Il est un autre point de vue sous lequel nous avons à les considérer et qui nous amène à une seconde classification. En autorisant la création de billets qui ne tardent pas à circuler à l'égal des espèces métalliques, contre lesquelles en principe ils sont toujours échangeables, le législateur impose en général des conditions à l'exercice de cette faculté qu'il concède ; il prescrit l'observation de certaines règles ; il impose aux banques d'émission une ligne de conduite déterminée, les autorise à faire un certain nombre d'opérations, leur en interdit d'autres, et surtout il cherche à entourer le billet lui-même de certaines garanties qui lui sont directement applicables. Voici quels sont à cet égard les divers systèmes que nous rencontrons.

Dans certains cas, très rares, le concessionnaire ne se voit pas imposer de règle particulière : il est libre de créer autant de billets que bon lui semble, à condition d'être toujours prêt à les rembourser en numéraire : le législateur estime que cette obligation, à la stricte exécution de laquelle il veille, est un frein suffisant pour empêcher toute émission excessive. D'ailleurs le public, tenu au courant de la situation de l'établissement par les conditions de publicité qui lui sont imposées, sera juge de sa situation et refusera d'accepter ses billets, s'il n'a pas la conviction que le remboursement en est assuré : c'est la nation elle-même qui devient l'arbitre de la valeur des billets, mais elle ne peut exercer son contrôle qu'à la condition d'être libre de les refuser si bon lui semble. Ce système est incompatible avec le cours forcé, c'est-à-dire le régime qui force les citoyens à recevoir les billets en paiement de leurs créances et qui dispense l'établissement créateur de les rembourser en espèces ; il est même incompatible avec le cours légal qui rend l'acceptation obligatoire par les particuliers tout en leur permettant d'en exiger l'échange contre du numéraire. Ce n'est que lorsque l'Etat ne confère pas au billet la force libératoire qu'il peut se dispenser d'en réglementer l'émission. Ce système, hardi en apparence, a cependant pour lui l'autorité d'un illustre exemple. Il fut à l'origine celui de la Banque de France, chez laquelle il resta en vigueur pendant soixante-dix ans, sauf une courte interruption en 1848.

Aujourd'hui il n'est plus pratiqué nulle part. Partout on impose à la banque l'obligation de limiter le chiffre de ses billets à un maximum déterminé par la loi, ou bien de le proportionner à certains éléments de son actif, en fonction desquels il est susceptible de varier.

Parmi ces éléments, celui qui est le plus généralement adopté comme base est le numéraire. Presque partout les métaux monétaires qui en fait, avant la guerre, étaient presque universellement réduits au seul métal jaune, l'or, sont admis comme garantie de la circulation. C'est ainsi que la Banque impériale allemande était, jusqu'en 1914, obligée d'avoir en caisse de l'or pour un tiers au moins de ses billets. Plusieurs législations exigent que la différence entre l'encaisse et la circulation soit représentée par des effets de commerce, qui forment alors la seconde des garanties que la loi envisage comme devant être à la base de la circulation. Ailleurs, la garantie est constituée en fonds d'Etat, en obligations du Trésor. Les trois systèmes peuvent d'ailleurs être combinés. Des exemples nous montreront les solutions adoptées dans la pratique.

Le premier système fut longtemps, nous l'avons dit, celui de la Banque de France : ses statuts fondamentaux n'imposent aucune limite à son émission de billets, ils prescrivent simplement à ses régents d'avoir toujours en caisse une quantité d'espèces suffisante pour faire face aux demandes éventuelles de remboursement.

La garantie du numéraire se trouve inscrite dans les ehartes de la plupart des banques d'émission. La Banque d'Allemagne ne peut créer de billets que jusqu'à concurrence de trois fois ; la Banque d'Autriche-Hongrie de deux fois et demie son encaisse métallique. La circulation de la Banque d'Angleterre ne peut dépasser son encaisse que du montant d'une dette gouvernementale fixe et d'une quantité déterminée de rentes sur l'Etat : son régime est un mélange du premier et du troisième système.

La garantie du portefeuille de lettres de change est courante, comme celle de l'encaisse. Elle est obligatoire pour la Banque impériale d'Allemagne, qui doit couvrir par un portefeuille d'effets escomptés toute la partie de la circulation qui dépasse son encaisse or.

Le troisième système est en vigueur aux Etats-Unis. Les banques nationales ne peuvent gager leurs billets qu'au moyen d'un dépôt de rentes fédérales : ni l'or ni les effets de commerce ne sauraient y remplir cet office.

En fait, beaucoup de banques d'émission possèdent dans leur actif des créances sur leur gouvernement, qui revêtent des formes diverses, rentes consolidées, obligations à court terme, Bons du Trésor, et qui s'augmentent considérablement en temps de guerre. A ce moment les billets des banques particulières se rapprochent, dans leur essence, des billets d'Etat, puisqu'une fraction croissante des éléments qui leur servent de garantie est constituée par des engagements du Trésor public.

Quant aux billets d'Etat proprement dits, ils sont en général gagés, tout au moins à l'origine, par un dépôt métallique, dont l'importance varie beaucoup selon les pays et selon les époques. Aux Etats-Unis, plusieurs catégories de billets sont couvertes par une encaisse égale ; d'autres par une encaisse des deux cinquièmes. En Angleterre les billets de la Trésorerie, créés en 1914, ont pour gage une encaisse or, qui est restée depuis plus d'un an stationnaire, alors que le chiffre de la circulation augmentait (725 millions de francs d'or contre 7 milliards de billets).

Banque de France.

La Banque de France fut fondée en 1800 au capital de 30 millions de francs, divisé en actions nominatives de 1.000 francs chacune. Ce capital fut porté à 45 millions en 1803 et à 90 millions en 1806. Sous la Restauration, il fut réduit à 67 millions. En 1848, il fut élevé à 91 millions et quart, lorsque l'établissement vit son privilège étendu à toute la France et absorba les banques départementales qui avaient le droit d'émission dans leur région et qui se transformèrent en succursales de l'institution centrale. Enfin, en 1857, le capital fut doublé par l'émission de 91.250 actions nouvelles, réservées, au prix de 1.100 francs l'une, aux anciens actionnaires, et porté à 182 millions et demi, chiffre invarié depuis lors.

Le privilège de la Banque, qui lui avait été tout d'abord accordé pour quinze ans à partir de 1803, fut prorogé, en 1806, jusqu'en 1843. La loi de 1840 l'étendit jusqu'en 1867. Sans attendre l'expiration de ce terme, la loi de 1857 accorda une prorogation trentenaire qui nous conduit jusqu'en 1897. A cette dernière date, le monopole a été prorogé au 31 décembre 1920. Le projet de loi voté par la Chambre des députés en août 1918 accorde une extension de vingt-cinq ans, c'est-à-dire jusqu'au 31 décembre 1945.

La tendance très nette qui ressort des derniers traités intervenus entre la Banque de France et l'Etat est d'accorder à celui-ci des avantages de plus en plus considérables. L'augmentation de bénéfices qui résulte du développement des affaires va presque tout entière au Trésor. La convention signée en octobre 1917 entre le ministre des Finances et le gouverneur de la Banque stipule un versement de 200 millions de francs par la Banque au Trésor, à titre d'impôt de guerre pour la période du 1er août 1914 au 31 décembre 1917. A partir de cette dernière date, la Banque acquitte une double redevance, la première calculée selon les taux d'escompte, la seconde croissant en raison de la somme des bénéfices réalisés. De plus, un amendement, voté au cours de la discussion, accorde à l'Etat une part égale à celle des actionnaires dans tout dividende distribué au delà de 240 francs.

En dehors de cette contribution au budget, la Banque de France rend d'innombrables services à l'Etat. Elle tient son compte sur ses livres et effectue pour lui, à Paris et en province, un nombre croissant d'opérations. Le mouvement général des comptes en 1917 a été de 445 milliards, celui du Trésor de 180 milliards.

Les services rendus par la Banque au Trésor augmentent dans une proportion énorme pendant la guerre, en raison même de la croissance formidable des budgets, de la multiplication des paiements à effectuer. En même temps les mouvements des comptes particuliers diminuent, parce que les opérations commerciales ordinaires sont en décroissance et, pour la plupart se règlent au comptant, sans que le crédit intervienne. Ce n'est qu'au chapitre des avances sur titres que se remarque une augmentation par rapport à l'avant-guerre, dans la partie active du bilan qui reflète les rapports de la Banque avec sa clientèle privée. D'un autre côté nous constatons une augmentation considérable du chiffre des sommes déposées par les particuliers, individus ou sociétés, au crédit de leur compte à la Banque de France. Cette progression est due au fait qu'en présence des événements, chacun désire accroître ses ressources liquides et que personne ne considère ses fonds plus en sûreté qu'à la Banque de France. C'est le grand réservoir où puise l'Etat, et à qui les particuliers confient leurs disponibilités.

Banque d'Angleterre.

L'émission des billets est réglée en Angleterre d'une façon très différente de la nôtre. Tout d'abord, sous ce rapport comme sous beaucoup d'autres, le royaume est divisé en trois parties : il existe une législation spéciale pour l'Angleterre et le Pays de Galles, une autre pour l'Ecosse, une troisième pour l'Irlande. La première remonte à 1844, les deux autres à 1845. L'acte célèbre voté par le Parlement le 6 mai 1844 n'a pas fait table rase de la situation antérieure, mais l'a modifiée avec la volonté clairement manifestée de concentrer le pouvoir d'émission aux mains de la banque d'Angleterre, en interdisant tout développement aux autres banques qui, antérieurement à la loi précitée, avaient le droit de créer des billets. Ces banques ne peuvent plus jamais accroître leur circulation au delà du chiffre qu'elle atteignait en 1844. Chaque fois qu'une d'elles disparaît ou renonce à mettre des billets en circulation, la Banque d'Angleterre hérite, pour les deux tiers, du pouvoir d'émission de l'établissement qui cesse de fonctionner.

La Banque d'Angleterre elle-même ne peut émettre de billets que jusqu'à concurrence de son encaisse métallique, plus une somme de 11 millions de livres sterling représentant la dette du gouvernement en 1844 et de 8 millions de livres sterling correspondant à des rentes sur l'Etat, qu'elle est autorisée à appliquer comme garantie à sa circulation. Celle-ci ne saurait donc excéder l'encaisse métallique de plus de 19 millions de livres, environ un demi-milliard de francs. Comme la Banque d'Angleterre garde en réserve, d'une façon permanente, une quantité de billets généralement supérieure à ces 19 millions de livres, il en résulte que le total des billets qui circulent dans le public n'atteint pas la somme de l'or qui les gage. Cette situation n'a pas été modifiée par la guerre. Le cours forcé n'existe pas officiellement. Mais, à côté des billets de banque, dont la plus petite coupure est de 5 livres, c'est-à-dire 125 francs, il circule, depuis le mois d'août 1914, des billets d'une livre et d'une demi-livre sterling créés par le Trésor britannique et dont le total s'élève actuellement à environ 280 millions de livres, soit 7 milliards de francs. En regard de ces billets, le Gouvernement a constitué une encaisse métallique de 28 millions et demi de livres environ, c'est-à-dire 713 millions de francs.

Les Anglais ont préféré faire créer directement par l'Etat la circulation exceptionnelle que nécessite la guerre et ne pas toucher aux bases sur lesquelles repose l'organisation de la Banque d'Angleterre. Les critiques n'ont cependant pas manqué à celle-ci. Les adversaires du système de 1844 font observer que, chaque fois qu'une crise violente se produisait à Londres, il fallait suspendre la loi, et autoriser la Banque à émettre plus de billets que n'en permettait l'application stricte du statut. Tout récemment encore le président d'une des premières banques de dépôt du Royaume-Uni a fait le procès d'une organisation qu'il a qualifiée de surannée. Les partisans de la théorie de sir Robert Peel, qui prévalut il y a soixante-quatorze ans, c'est-à-dire celle du *currency principle*, la théorie métallique, opposée au *Banking principle*, théorie du crédit, répondent qu'en temps normal le mécanisme de la Banque, manié par des mains expertes, fonctionne parfaitement, que le jeu de l'escompte suffit à défendre l'encaisse de l'établissement, que les suspensions de la loi ont été de très courte durée, quelles n'ont été nécessaires que trois fois en un demi-siècle, qu'elles n'ont chaque fois été en vigueur que pendant une semaine, qu'il n'existe dans les archives de la Banque qu'un seul bilan où la limite légale ait été dépassée, et qu'après tout il vaut mieux avoir un instrument d'une très grande précision, qui ne se dérange que sous l'empire de circonstances exceptionnelles, plutôt que de vivre sous un régime lâche qui donne de trop grandes facilités à l'inflation.

Sans discuter les mérites respectifs des systèmes français et anglais, nous constaterons que, depuis de longues années, la moyenne du taux d'escompte a été plus basse à Paris qu'à Londres et que les changements de taux ont été six fois moins nombreux sur la première de ces deux places que sur la seconde.

Reichsbank (banque impériale) allemande.

Le système d'émission organisé dans l'empire allemand par la loi de 1875 ressemblait, sous un rapport, à celui de la loi anglaise de 1844, en ce sens qu'il reconnaissait aux banques des divers Etats qui émettaient alors des billets le droit de continuer à le faire, qu'il interdisait d'en créer de nouvelles, qu'il donnait une situation prépondérante à un établissement central, destiné à devenir, au bout d'un certain temps, le seul émetteur de billets dans l'Empire : au début du régime, 36 banques en émettaient, aujourd'hui il n'en subsiste plus que 5, parmi lesquelles la Banque de l'Empire a pris une telle prépondérance qu'on peut entrevoir le moment où elle sera investie d'un monopole, à moins qu'à la suite des victoires de l'Entente l'empire germanique soit disloqué. La circulation des Banques de Bavière, de Saxe, de Wurtemberg et de Bade réunies ne représente qu'une fraction infime du total. Déjà avant la guerre leur rôle en tant que banques d'émission était réduit à peu de chose. Aujourd'hui il est très effacé.

Le principe de la circulation allemande est que l'encaisse métallique doit toujours être égale au moins au tiers des billets, et que la différence entre l'encaisse et la circulation doit être représentée par des effets escomptés. L'établissement émetteur paie à l'Etat un impôt de 5 % sur la partie de la circulation que dépasse l'encaisse, à l'exception d'un certain contingent fixé par la loi qui est exempt de taxe. Ce contingent est de 550 millions de marks pour la Banque impériale. Si l'encaisse de la Banque est d'un milliard, elle peut émettre 3 milliards de billets, en payant l'impôt sur 1.450 millions. Cet impôt est de 5 % l'an, il se calcule proportionnellement à la durée pendant laquelle la circulation a dépassé la limite à partir de laquelle la taxe est appliquée. Quatre fois par an, les 31 mars, 30 juin, 30 septembre et 31 décembre, le contingent est porté à 750 millions. Cette mesure a été prise pour éviter à la Reichsbank l'obligation d'élever passagèrement le taux de son

2

escompte, à ces époques de grandes échéances qui amènent à ses guichets des quantités considérables d'effets à l'escompte.

Le capital de la Reichsbank est de 180 millions de marks : après que les actionnaires ont reçu 3 1/2 % d'intérêt, les trois quarts des bénéfices annuels vont au Trésor impérial. Son activité, depuis le 1er août 1914, a été presque monopolisée par ce dernier, dont elle absorbe un chiffre croissant de Bons. Ces Bons forment la majeure partie du portefeuille, qui à fin septembre 1918 dépassait 20 milliards de marks.

Italie.

L'Italie a, depuis 1893, réduit à trois le nombre de ses Instituts d'émission : Banque d'Italie, Banque de Naples, Banque de Sicile. La première est une société par actions, dont le capital de 240 millions de lires est divisé en 300.000 actions de 800 lires chacune. Les deux autres, dont la fondation remonte à une époque reculée, n'ont pas d'actionnaires et travaillent avec un patrimoine constitué au moyen de réserves accumulées. Les règles qui présiden' à la circulation sont les mêmes pour les trois banques. L'émission normale doit être couverte par une encaisse des deux cinquièmes, dont une partie peut être constituée en traites sur l'étranger.

En dehors des billets de banque il circule en Italie des billets créés directement par l'État et dont le chiffre approche du milliard. Ce sont des coupures de 1, 2, 5 lires alors que que les billets des banques sont en coupures plus élevées.

Dans la circulation des banques, les bilans distinguent la partie qui est émise pour compte de l'État de celle qui l'est pour les opérations avec les particuliers. Il est donc aisé de faire à première vue le départ de celles-ci et de constater dans quelle mesure les forces des établissements sont mises au service du gouvernement.

Etats-Unis d'Amérique.

Les Etats-Unis d'Amérique ont un système complexe. Nous y trouvons à la fois une circulation de banque et une circulation d'Etat.

La première, jusqu'à 1914, se composait exclusivement des billets des banques dites nationales. Ces banques, dont le nombre n'est pas limité, peuvent émettre des billets à condition de se conformer aux lois fédérales qui régissent la matière, et qui fixent notamment un chiffre minimum pour le capital de chaque société, selon la population de la ville où elle est établie. Les billets sont gagés exclusivement par des rentes fédérales qui doivent être déposées par la banque émettrice dans les coffres du Trésor à Washington. Le simple exposé de cette législation en montre les inconvénients. Elle organise la circulation en fonction de la Dette publique, puisque les titres de celle-ci sont indispensables pour l'étayer. L'Etat ne pourrait donc pas rembourser la totalité de ses obligations sans faire crouler l'édifice; par un paradoxe étrange, la circulation est d'autant plus mal approvisionnée que les finances publiques sont plus prospères. A une époque qui n'est pas lointaine se produisit un fait qui, en présence des événements actuels, paraît invraisemblable: les Etats-Unis étaient en mesure de rembourser tous leurs créanciers; et s'ils ne le firent pas, c'est que, précisément, ils ne voulurent pas supprimer les billets des banques nationales.

En 1914, après de longues discussions, fut établie une nouvelle organisation qui ne remplaça pas les banques nationales, mais leur fut superposée. Douze grands établissements, désignés du nom de Banques fédérales, furent fondés dans les villes les plus importantes, et le territoire des Etats-Unis fut divisé en douze districts, correspondant à chacune des banques. Le capital des nouvelles institutions a été souscrit en majeure partie par les banques nationales et autres déjà existantes. Les banques fédérales ont le droit d'émettre des billets, gagés par une encaisse métallique et un portefeuille d'effets de commerce

Elles ont également le droit d'en émettre sur la base de rentes fédérales, comme les banques nationales, mais ce n'est pour elles qu'une faculté et non plus une obligation. Ces banques se sont développées rapidement; elles sont nées à la veille de la guerre et rendent des services considérables au pays. Les chiffres de leur bilan en témoignent. En novembre 1917, l'actif des banques fédérales dépassait 3 milliards de dollars (près de 16 milliards de francs) dont 1.600 millions d'or, 700 millions d'effets escomptés 240 millions de rentes fédérales. Leur circulation de billets approchait d'un milliard de dollars et leurs dépôts de 2 milliards.

A côté de cette double circulation de banque, il existe aux Etats-Unis une circulation d'Etat, qui se compose de billets émis pendant la guerre de Sécession, de 1862 à 1865, et qu'on désigne sous le nom de *greenbacks* (les dos verts) à cause de leur couleur. Le chiffre en a été arrêté à 346 millions de dollars, c'est-à-dire, en comptant le dollar au pair de 5 francs 18, 1792 millions de francs. Au change actuel de 5 fr. 50 la valeur en approche de 2 milliards de francs. Ces *greenbacks* ont pour garantie spéciale un fonds de 150 millions de dollars d'or qui, depuis la loi du 14 mars 1900, doivent être conservés dans les caisses du Trésor fédéral.

Celui-ci émet en outre des certificats d'or qui sont la représentation directe et adéquate d'or en lingots ou monnayé qui lui est remis. Ce sont en quelque sorte des récépissés de métal.

Il existe également des certificats d'argent, dont l'origine remonte à l'année 1878. Les Etats-Unis voulurent à cette époque relever les cours du métal blanc qui, par suite de la démonétisation dont il était l'objet dans beaucoup de pays, avait fortement baissé et menaçait de tomber davantage. La loi Bland ordonna l'achat de la quantité d'argent nécessaire à la fabrication mensuelle de 2 millions de dollars, frappés dans le rapport de 1 à 16 vis-à-vis de l'or. En échange et représentation de ces pièces d'argent, le Trésor était autorisé à créer des certificats (*silver certificates*) qui circuleraient comme monnaie. En 1890, la loi Sherman augmenta encore l'importance des achats publics de métal blanc et décida la création de billets (*treasury notes*) qui correspondaient non plus à des dollars monnayés, mais à des lingots emmagasinés dans les caisses de la Trésorerie à Washington. Ces billets ont, depuis lors, été retirés de la circulation, et le métal qui leur servait de garantie frappé en monnaies. Il ne circule plus comme papier d'Etat que les *greenbacks*, dont le chiffre est invariable, des certificats d'argent dont le total ne peut dépasser celui des dollars d'argent qui existent dans le pays et dont la quantité n'augmente plus, et les certificats d'or que la Trésorerie délivre en échange de monnaies d'or ou de lingots qui lui sont apportés. Cette dernière classe de billets ne peut pas être considérée comme un engagement du Trésor, puis qu'il a dans ses caisses la représentation adéquate en or de la somme des certificats émis par lui. Il en est de même pour les certificats d'argent, avec cette différence que les Etats-Unis, ayant déclaré vouloir maintenir l'échangeabilité d'un métal contre l'autre, se considèrent comme virtuellement obligés de rembourser en or les certificats d'argent. Enfin les *greenbacks* ont une garantie directe en or de plus de 40 °/₀ de leur valeur. La seule partie de la circulation d'Etat qui soit à découvert se compose de 196 millions de dollars de greenbacks.

Russie.

La Russie nous offre l'exemple d'une circulation exclusivement alimentée par des billets d'Etat. Après des alternatives diverses au cours du XIXᵉ siècle, la Banque de Russie, chargée de ce service, avait été réorganisée sur une base rigoureuse : tout le papier qu'elle émettait devait, à l'exception d'une somme de 300 millions de roubles (800 millions de francs), être couvert par une encaisse d'or égale. Pendant la guerre et surtout depuis la révolution maximaliste, cette règle a cessé d'être respectée. La circulation s'est enflée dans une proportion formidable. Les périls du système qui laisse entre les mains du gouvernement l'arme dangereuse de papier monnaie sont apparus une fois de plus. Déjà vers la fin de 1917 la circulation de la Banque de Russie était d'environ 16 milliards de roubles. A l'heure où nous écrivons, le total en est inconnu.

Les Banques d'Emission et le Trésor.

Nous ne pousserons pas plus loin l'étude des divers pays au point de vue qui nous occupe. Nous avons exposé les principaux types des systèmes d'émission qui sont en vigueur dans le monde. A des degrés divers, les établissements qui ont reçu la mission de créer les billets et d'en régler la circulation ont un double rôle à remplir ; procurer du crédit à ceux qui le réclament, en leur fournissant, en échange de leurs promesses de payer à terme, la promesse de payer à vue de la Banque, qui est acceptée par le public à l'égal de la monnaie, et créer ce billet-monnaie qui circule dans la communauté. Cette seconde fonction est, avec le temps, devenue de plus en plus importante. Aux époques de guerre, elle passe au premier plan. Les banques d'émission deviennent alors les pourvoyeurs des budgets. C'est aux Trésors publics beaucoup plus qu'aux particuliers qu'elles viennent en aide. Leur fonction monétaire grandit démesurément et doit être remplie avec d'autant plus de soin que la tentation d'y avoir recours est plus forte. Certains pays, comme la Grande-Bretagne, n'ont pas admis que le billet de banque fût mis à contribution pour les avances au Trésor. Ils ont fait créer directement par celui-ci des billets entièrement distincts des autres, et qui sont appelés à disparaître lorsque les circonstances exceptionnelles qui les ont rendus nécessaires auront pris fin.

Le tableau ci-dessous donne une idée du développement pris par l'émission des billets au cours de la guerre. Il met en regard le chiffre de la circulation des principaux instituts d'émission vers la fin de 1913 et en 1918. Les monnaies étrangères sont converties en francs à un change se rapprochant de la parité métallique. La livre sterling est calculée à 25 fr. 20, le dollar des Etats-Unis à 5 fr. 20, la peseta espagnole, la lira italienne, le lei roumain à 1 franc, le florin hollandais à 2 fr. 10, la couronne scandinave à 1 fr. 40, le rouble à 2 fr. 66. La cote actuelle des changes assigne à plusieurs de ces monnaies une valeur très différente : mais il vaut mieux, pour rendre la comparaison plus instructive, faire les calculs sur la même base aux deux époques. Nous n'avons suivi une méthode différente que pour le milreis brésilien, dont la valeur, par rapport à son ancienne parité métallique, était déjà déprimée avant la guerre.

CIRCULATION DES BILLETS
(*en millions de francs*)

	vers la fin de 1913		au cours de 1918
Banque de France	5.700		29.000
Banque d'Angleterre	745	1.400	
Trésor anglais (1 £ = 25 fr. 20).		7.000	7.000
Banque de Russie (1 rouble = 2 fr. 66)	4.400		47.000
Banque impériale allemande (1 mark = 1 fr. 25)	3.200		20.000
Banque nationale de Belgique.	1.050		1.040
Société Générale belge. . . .			500
Banques d'Italie, de Naples, de Sicile et Trésor italien (1 lira = 1 franc)	1.724		10.000
Banque des Pays-Bas (1 florin = 2 fr. 10)	653		1.900
Banque d'Espagne (1 peseta = 1 franc)	1.924		3.000
Banque nationale suisse . . .	314		700
Banque nationale austro-hongroise (1 couronne = 1 fr. 05).	2.600		25.000
Pays scandinaves (1 couronne = 1 fr 40)	690		1.660
Etats-Unis { Banques nationales et fédérales (1 doll. = 5 fr. 20)	3.760		9.000
Billets d'Etat (greenbacks) et certificats d'argent.	4.160		4.200
Banque du Japon (1 yen = 2 fr. 56).	1.100		2.100
Brésil (1 milreis = 1 fr 35 . .	800		1.000
Banque de la Nation argentine (1 piastre = 2 fr. 20. . . .	900		1.500
	33.720		166.000

Néanmoins, quel que soit le progrès réalisé pris de nos jours par les banques d'émission, il est surpassé, et de beaucoup, par celui des banques de dépôt, qui font l'objet de la seconde partie de notre étude.

On voit quel a été l'énorme développement de la circulation fiduciaire au cours des quatres années de guerre. Dans les pays que nous avons considérés, le chiffre en a presque quintuplé, passant de 33 à 166 milliards. Il est vrai que quelques observations devraient tendre à corriger certains chiffres de 1917. Le calcul du rouble au pair enfle démesurément le total de la circulation russe ; celui de la couronne austro-hongroise à 1 fr. 05 fait plus qu'en doubler la valeur ; celui du mark à 1 fr. 25 l'augmente de moitié. Mais d'autre part les dollars, les florins hollandais, les couronnes scandinaves, les pesetas espagnoles sont transformés en francs à des cours inférieurs à ceux du change actuel, ce qui compense en partie l'écart provenant d'une surestimation d'autres monnaies.

De toute façon l'augmentation a été d'une amplitude et d'une violence sans précédents dans l'histoire du monde ; elle fait pressentir la difficulté qu'éprouveront la plupart des Etats, au lendemain de la paix, à ramener à un niveau normal le chiffre du papier-monnaie circulant sur leur territoire.

Cette réduction progressive sera cependant l'une des conditions essentielles du retour à une saine situation financière. Elle contribuera à l'abaissement des prix, dont la hausse excessive est une cause de graves préoccupations pour tous les gouvernements.

CHAPITRE III

BANQUES DE DÉPOT

Les banques de dépôt remontent à la plus haute antiquité. Déjà en Grèce et à Rome les trapézites et les argentiers avaient pour fonction de recevoir la monnaie que leur confiait la clientèle et de la tenir à la disposition de celle-ci, là même où elle avait été reçue et, dans certains cas, sur d'autres places. Ils en faisaient usage dans des conditions déterminées. Dans le monde moderne, ce régime a pris une extension dont un simple chiffre donnera l'idée : la masse actuelle des dépôts en banque sur le globe représente environ 500 milliards de francs, le triple de la circulation des billets en temps de guerre, 15 fois cette circulation en temps de paix. Le seul énoncé de ces nombres souligne l'importance d'un mécanisme qui prend une part croissante au mouvement des sociétés modernes.

La conception primitive du dépôt est simple. A l'origine, elle se confond presque avec celle de la monnaie ; il semble difficile à première vue de comprendre qu'elle puisse en différer. Comment aurai-je une somme à ma disposition chez mon banquier si je ne la lui ai pas remise au préalable ? Aussi longtemps en effet que l'idée de crédit n'était pas née, il n'y avait d'autre réponse à cette question que la négative. Mais du jour où le banquier autorisa son client à disposer d'un certain montant sans avoir reçu de lui au préalable des espèces et souvent sans lui en fournir à la suite de cette ouverture de crédit, il devenait possible d'effectuer des règlements pour des sommes supérieures au total de la monnaie existant dans un pays. Le bénéficiaire de ce compte ouvert par le banquier peut en effet en transférer tout ou partie à ses créanciers, qui, à leur tour, acquittent leurs dettes au moyen de virements successifs. Ces virements sont susceptibles d'être multipliés à l'infini. Evidemment ils étaient déjà possibles dans l'état rudimentaire où les paiements se mesuraient strictement aux espèces disponibles. Mais du jour où un crédit de banque a été accordé à là suite d'un escompte de lettres de charge, d'avances sur titres ou tout simplement de la confiance faite à l'emprunteur « en blanc » selon l'expression consacrée, les dépôts de banque ont été susceptibles d'une extension pour ainsi dire indéfinie. C'est là le point qu'il faut bien comprendre. Tous ces milliards qui figurent au passif des établissements de dépôt, ont leur contrepartie dans les créances représentées par des effets de commerce, des avances, ou d'autres éléments de l'actif. Mais la plupart de ces éléments, à l'exception des espèces métalliques, ne sauraient être instantanément transformés en monnaie ; ce n'est que grâce à l'intervention de l'idée de crédit que, sur la base de ressources *futures*, des paiements se font dans le présent. Cette vérité, obscurément entrevue il y a un siècle, a peu à peu pénétré les esprits. Elle a amené le développement des banques modernes dont les opérations ont rapidement pris une ampleur extraordinaire. Nous allons en juger par quelques statistiques relatives à la France et à certains pays étrangers.

France.

Tout le monde connaît les banques que l'on désigne communément du nom d'établissements de crédit, dont les principaux ont leur siège à Paris, avec de nombreuses succursales en province et qui sont constitués sous forme de sociétés anonymes par actions, soumises au régime de la loi de 1867, modifiée par des lois ultérieures dans plusieurs de ses dispositions. En général, le capital de ces sociétés est intégralement versé. Il en est cependant quelques-unes, comme la Société générale, dont les actions ne sont libérées que de moitié ; d'autres, comme le Crédit industriel et commercial et la Banque Nationale de crédit n'ont appelé sur leurs titres que le quart, minimum exigé par la loi, 125 francs sur un capital de 500 francs.

Le mode de fonctionnement de ces sociétés est le suivant : elles reçoivent de leur clientèle des dépôts, constitués de la façon que nous avons indiquée, c'est-à-dire par l'apport direct aux caisses de numéraire. par la remise d'instruments de crédit ou de paiement tels qu'effets de commerce et chèques, ou par l'ouverture de crédits. La majeure partie de ces comptes est à vue, c'est-à-dire que la banque doit toujours être prête à rembourser ses déposants. L'énoncé de cette obligation détermine la politique des établissements de dépôt. Evidemment il ne peut s'agir pour eux de conserver en nature les espèces qui leur ont été remises, et encore moins celles qu'elles ont promises sans les avoir effectivement reçues. La majeure partie de ces dépôts ne tirant pas leur origine d'un versement d'espèces, il serait matériellement impossible aux banques modernes de trouver dans la circulation assez de métal monnayé pour équilibrer les milliards dont elles sont comptables vis-à-vis du public : même en y ajoutant les billets qui font office de monnaie, elles seraient bien loin de compte. Mais, sans prétendre avoir en caisse les instruments de paiement nécessaires pour satisfaire les demandes éventuelles de leurs déposants, les banques doivent s'efforcer d'avoir toujours la quantité maximum de valeurs susceptibles de se transformer, dans le moindre délai, en monnaie. Hâtons nous d'ajouter que la plupart de leurs paiements se font au moyen de virements sur leurs livres, ou sur les livres d'un établissement central ou d'une Chambre de compensation.

Les banques sont ainsi conduites à employer leurs ressources en prêts à court terme. Ceux-ci se classent en deux grandes catégories : l'escompte des effets de commerce et les avances sur titres, correspondant, la première au crédit personnel, la seconde au crédit réel combiné avec le premier.

L'escompte.

L'escompte consiste dans l'achat qui est fait au propriétaire d'une lettre de change de cette promesse de payer, qu'il transfère à la banque, par endos, moyennant versement immédiat par celle-ci du montant de l'effet, diminué seulement de l'intérêt proportionnel au temps qui reste à courir jusqu'à l'échéance.

Quel est l'effet de cette opération sur la situation de l'établissement ? Il s'est dessaisi de monnaie ou bien a ouvert un crédit donnant droit à la disposition immédiate de monnaie en échange d'une promesse de recevoir à terme cette même monnaie. Dans l'intervalle qui va s'écouler entre le jour où l'escompte a été pratiqué et celui où la traite devra être payée par celui qui l'a acceptée, la banque va donc se trouver démunie. C'est alors qu'intervient la banque d'émission qui, grâce à son pouvoir de créer les billets, peut reprendre, avant l'échéance, à la banque de dépôts l'effet qu'elle réescompte à la banque d'émission. Celle-ci fournit, séance tenante, de la monnaie au moyen de laquelle la banque de dépôt retrouvera la disponibilité immédiate des ressources qu'elle avait aliénées en les employant à l'escompte ou aux avances. Le réescompte lui rend les sommes que l'escompte lui avait enlevées.

Ce mécanisme suppose l'existence d'une banque centrale, toujours prête à reprendre le papier qui se trouve dans le portefeuille des établissements de dépôt. En temps ordinaire, les retraits des déposants ne dépassent pas une quantité que l'expérience a enseigné aux administrateurs à connaître : ceux-ci conservent par devers eux des quantités de monnaie suffisantes pour n'avoir guère besoin de recourir à la banque centrale. Mais, en cas de crise soudaine, ils s'adressent à celle-ci. C'est ce qui s'est produit à la fin de juillet 1914, lorsque la guerre apparut comme inévitable. On vit alors, dans les divers pays menacés d'être directement ou indirectement entraînés dans la tourmente, les banques de dépôt apporter, par centaines de millions et par milliards, leur portefeuille aux banques d'émission, à qui elles demandaient des billets pour rembourser leurs déposants. Ceux-ci voulurent bien faire crédit à l'institut d'émission dont ils acceptaient la promesse de payer ; mais, moins familiers avec l'usage du chèque et du virement, ils avaient peur, en laissant des sommes à leur crédit, d'en perdre la libre disposition. En fait, la multiplication des demandes de remboursement a mis les banques de dépôt dans une situation passagèrement difficile et a amené le Parlement français à voter un moratorium qui les a dispensées de rembourser leurs déposants. Si le public, mieux habitué aux règlements par l'intermédiaire des comptes de banque, avait eu dans les dépôts la même confiance que dans les billets, il aurait laissé entre les mains des établissements de crédit les sommes dont il était propriétaire ; il en aurait disposé, au fur et à mesure de ses besoins, par des chèques ou des ordres de transfert, et les mesures extraordinaires qui ont dû être prises auraient été évitées.

On nous dira que la suspension du remboursement en espèces des billets était, elle aussi, une mesure exceptionnelle et qu'il n'est pas surprenant qu'il ait fallu accorder aux banques dépositaires, comme aux banques d'émission, la faculté de ne pas rembourser. Nous répondrons que la question des espèces est d'une nature particulière, et que, puisque les déposants pouvaient être réglés en billets, il aurait mieux valu rester dans une situation où les déposants auraient conservé la libre disposition de toutes les sommes dont ils étaient créditeurs. Du reste l'état normal a été rétabli au bout de peu de mois : à partir de ce moment, non seulement les retraits ne se sont pas produits, mais les dépôts ont augmenté, ce qui prouvait que le public n'avait pas eu réellement besoin des sommes qu'il réclamait à l'heure de la panique.

Avances sur titres.

En dehors de l'escompte, les banques de dépôt pratiquent les avances sur titres. Celles-ci se font en général pour une période brève, ne dépassant pas trois mois, c'est-à-dire l'échéance courante des effets de commerce. Elles offrent l'avantage de donner à la banque prêteuse un gage qui s'ajoute à l'engagement personnel de l'emprunteur pour la garantir contre des pertes possibles. Mais la banque est immobilisée jusqu'au jour de l'échéance du prêt : ce n'est qu'à cette date qu'elle a le droit de réaliser les titres, au cas où elle ne serait pas remboursée. D'autre part, elle n'a guère la ressource d'aller à son tour emprunter sur les titres qu'elle a reçus en gage. Tout au plus peut-elle le faire auprès de la Banque centrale lorsque celle-ci se livre elle-même à ce genre d'opérations et que les titres appartiennent à la classe, généralement limitée, de ceux qui sont admis par elle au bénéfice des avances.

Il résulte de ce qui précède que l'escompte est une opération qui, au point de vue de la liquidité des ressources d'un établissement, est préférable au prêt sur titres, à moins que celui-ci soit à très courte échéance ; les reports en bourse, qui se pratiquent pour la quinzaine ou le mois, constituent un mode d'emploi assez fréquent : ils équivalent à un prêt sur titres, avec quelques variantes au point de vue juridique.

Examinons le bilan d'un de nos plus grands établissements de crédit. Constatons d'abord le développement régulier de ses affaires, qui atteste en même temps l'éducation du public se familiarisant de plus en plus avec le mécanisme bancaire. Pendant le demi-siècle qui s'est écoulé entre sa fondation qui remonte à 1863 et la dernière année qui se soit écoulée avant la grande guerre, 1913, le total du bilan a passé de 35 à 2.834 millions ; le chiffre des dépôts de 15 à 1.767 millions. Comment était employée cette dernière somme au 31 décembre 1913 ? L'encaisse était de 721, le portefeuille de 654, les reports de 330 millions, au total 1.705 millions. En outre, le Crédit lyonnais avait avancé 509 millions en compte courant à sa clientèle. Il avait ainsi employé au total 2.214 millions. Ce chiffre dépassait de 447 millions les sommes dues en public. L'écart provenait du capital et des réserves appartenant aux actionnaires, et employés par l'établissement de la même façon que l'argent de ses dépôts. Le Crédit lyonnais avait dans ces caisses ou en compte à la Banque de France plus de 40 % de ses exigibilités. En ajoutant à ces 721 millions les 654 millions du portefeuille, on trouve 1.375 millions, qui représentent 80 % de ces mêmes exigibilités. On voit combien cette situation était saine, puisqu'elle permettait à la banque de rembourser en une journée la quasi-totalité de ce qu'elle devait, à condition bien entendu de pouvoir réescompter son portefeuille à la Banque de France. D'autre part, dans les 500 millions de comptes courants elle eût trouvé le solde, sans compter la rentrée à brève échéance des 322 millions de reports.

La situation de la plupart de nos sociétés de crédit est analogue. Elles ont des disponibilités qui se sont encore accrues au cours de la guerre et sont en mesure de répondre à toutes les demandes de leur clientèle.

Royaume Uni.

L'Angleterre est la terre classique des banques de dépôt. C'est chez elle que depuis un siècle, à travers des modifications successives de la législation, se sont développées ces *Joint stock banks*, sociétés par actions à responsabilité limitée, qui tiennent les comptes d'une partie de la nation britannique et aussi d'une clientèle étrangère dont les éléments sont répandus sur toute la surface du globe. C'est grâce à elles que le système des paiements par chèques s'est introduit dans les mœurs anglaises, au point que la très grande majorité des règlements de comptes s'opèrent par cette voie.

La progression des dépôts auprès de ces établissements a été très rapide, particulièrement au cours de la guerre. Un phénomène qui occupe beaucoup l'opinion se manifeste depuis 1916, c'est la tendance à la diminution du nombre des établissements. Plusieurs de ces grandes banques se sont réunies, si bien que le nombre en est aujourd'hui réduit à cinq pour Londres et une vingtaine pour la province. L'ensemble des dépôts et comptes courants dans le Royaume-Uni dépasse 1.700 millions de livres, c'est-à-dire 43 milliards de francs, en calculant la livre au pair. L'augmentation sur l'année précédente qui avait été de 16 % en 1916 a été de 18 % en 1917. Plus du quart de ces dépôts, soit 11 milliards de francs, étaient représentés par l'encaisse des banques ou des avances remboursables à première demande. Elles avaient placé une somme de 11 milliards en fonds publics. Le capital et les réserves des joint stock banks atteignaient 115 millions de livres, soit 3 milliards de francs.

Les bénéfices des banques vont croissant en quantité absolue, mais non par rapport à leurs ressources qui se développent plus rapidement. D'autre part la portion de ces profits mise en réserve grandit sans cesse ; elle dépasse aujourd'hui 50 °/., alors qu'avant la guerre elle n'était que du dixième. Ceci indique de la part des administrateurs une politique de plus en plus prudente.

Lors de la dernière extension de l'un des plus puissants établissements anglais, le *Lloyds Bank*, les administrateurs, dans leur rapport à l'assemblée des actionnaires, rappelaient à ceux-ci les étapes successives de la banque, depuis qu'en 1865 les associés en nom collectif de l'ancienne firme la transformèrent en société par actions. Aujourd'hui la Banque absorbe la *Capital and Counties bank*, fondée en 1834 : on donne une action Lloyds pour une de la Capital and Counties, plus deux livres sterling en espèces.

Certaines critiques ont été formulées contre ces fusions, qui ont pour résultat de constituer quelques banques monstres. Le rapport de la Lloyds bank y répond en assurant qu'à côté des cinq établissements londoniens il subsiste dans le pays nombre de petites banques et de maisons particulières ; d'autre part, de très nombreuses succursales sont à la disposition de la clientèle.

La *Lloyds bank* a conclu un arrangement avec la Banque nationale d'Ecosse, dont les actions se sont échangées contre les siennes, de façon à rendre plus intimes les relations bancaires entre l'Ecosse et l'Angleterre. Elle offre également deux de ses actions contre une action de la *London and River Plate bank*, qui a de nombreuses succursales dans l'Amérique du Sud, grâce auxquelles de grandes facilités sont données au commerce anglais de ces régions. Le président de la Lloyds bank rappelle que la politique de la banque a toujours été de soutenir le commerce et l'industrie. Chaque année, à l'assemblée, il a fait un rapport sur la situation de diverses branches de négoce. C'est pourquoi il propose d'acquérir le contrôle d'une banque dont les opérations s'étendent au dehors, puisque, dit-il, après la guerre, le pays devra augmenter ses exportations, auxquelles il faudra fournir de nouvelles facilités. L'arrangement avec la London and River Plate n'empêchera pas chaque banque de continuer à travailler dans son domaine propre : les dépôts de la Lloyds Bank ne seront employés que dans le Royaume-Uni.

En dehors du chiffre de leurs dépôts, il est intéressant de noter que les sommes compensées en 1917 par ces *joint stock banks* sur leurs livres ont atteint, pour la seule place de Londres, près de 500 milliards de francs, contre 400 en 1916. Les compensations des Banques provinciales, des Banques d'Ecosse et d'Irlande ajoutent encore un montant considérable à ces chiffres déjà si importants.

États-Unis d'Amérique.

Si l'Angleterre a, pendant longtemps, tenu le premier rang dans le domaine qui nous occupe, elle est aujourd'hui dépassée, et de beaucoup, par les Etats-Unis d'Amérique, qui représentent la plus formidable puissance bancaire qui soit au monde. Cinq groupes d'établissements s'y partagent les dépôts du public, qui atteignirent en 1917 le total invraisemblable de 28.280 milliards de dollars, soit 147 milliards de francs. Nous évaluons le dollar à 5 fr. 20, alors que le cours actuel est de 5 fr. 50. Si nous l'adoptions, il faudrait majorer de 6 % ce dernier chiffre qui serait alors de 155 milliards de francs. En voici la répartition.

	Millions de dollars.
Banques fédérales	1.302
Banques nationales	9 746
Banques des Etats particuliers	16.782
Banques privées	450
	28.280

Si, à ces dépôts du public, on ajoute le capital, les réserves, les billets en circulation, les dépôts de la Confédération, des autres banques, de la Caisse d'Epargne postale, les acceptations des banques, on voit qu'elles disposaient, au 20 juin 1917, de 37 milliards de dollars, soit de 192 milliards de francs.

Le chiffre des compensations (*clearinghouse*) en 1917, a été de 304 milliards (304.000.000.000) de dollars, soit 1581 milliards de francs. Nous sommes ici dans un ordre de grandeur que notre imagination a quelque peine à se représenter. Il nous donne l'idée de la puissance économique de nos alliés. Les Etats-Unis sont le pays du monde où la proportion des paiements en espèces est la plus faible, tandis que celle des règlements par voie de chèques et de virements s'appuyant sur les dépôts et n'opérant que grâce à eux est la plus forte. Les règlements jouent un rôle d'autant plus considérable que les sommes accumulées dans les banques sont plus élevées. L'exemple américain nous montre la voie dans laquelle se réalise le progrès.

CHAPITRE IV

OBSERVATIONS AU SUJET DES BANQUES D'ÉMISSION ET DES BANQUES DE DÉPOT

Avant d'aller plus loin, nous devons présenter au lecteur certaines observations que suggère une comparaison entre les éléments de la situation des deux premières catégories de banques, celles d'émission et celles de dépôt. Dans quelle mesure les bilans de ces établissements représentent-ils la situation bancaire du monde ? Est-il juste de considérer les billets et les dépôts comme des ressources distinctes entre les mains du public? Pour répondre à cette question, il faut chercher à démêler la complexité des rapports qui existent entre les uns et les autres.

Beaucoup de dépôts de banque sont effectués au moyen de billets, que les propriétaires apportent aux établissements de dépôt, après les avoir obtenus des banques d'émission qui les ont créés en échange d'effets de commerce escomptés par elles. Lorsque les titulaires des comptes de dépôt effectuent des retraits, ils reçoivent souvent ces mêmes billets au moyen desquels ils avaient constitué le solde créditeur duquel ils disposent ultérieurement. Entre les mains des banques de dépôt, les billets des banques d'émission servent une seconde fois à des opérations d'escompte ou d'avances analogues à celles qu'elles ont accomplies une première fois. Nous n'entrerons pas plus avant dans cette discussion qui prête matière à des considérations très intéressantes. Nous nous bornerons à montrer la complexité du mécanisme économique moderne. Le public fait crédit aux banques d'émission en acceptant, en paiement de ce qui lui est dû, leurs promesses de payer consistant en billets. Ceux-ci constituent un supplément de monnaie jusqu'à concurrence des sommes qui ne sont pas représentées par du métal immobilisé dans les caisses de l'institut d'émission. Le public fait confiance, d'une autre manière, aux banques de dépôt en leur remettant de la monnaie ou des billets, qu'il confie à leur garde, mais qu'il veut pouvoir retirer à tout instant. Quand il recevait le billet, il avait aussitôt en mains l'instrument au moyen duquel il pouvait effectuer d'autres paiements, se libérer de ses propres dettes. Après qu'il a effectué un dépôt dans une banque, le client doit le retirer lorsqu'il veut s'en servir pour payer ses créanciers. Il crée alors un chèque à l'ordre de celui qu'il veut payer ou il donne un ordre de virement à son profit sur les livres de la banque. Ce chèque ou ce virement transmettent la créance du client sur la banque, comme le billet au porteur confère à celui qui le reçoit le droit de se faire rembourser en monnaie métallique, ou tout au moins, selon l'expression américaine, en monnaie légale (*lawful money*). En fait, un porteur de billets ne demandera pas le remboursement à la Banque qui l'a créé, parce qu'il a confiance dans la signature de la Banque et que, sachant cette confiance partagée par ses concitoyens, il a la certitude qu'il pourra acheter ce qu'il voudra au moyen des billets, sans les avoir au préalable échangés contre des espèces sonnantes et trébuchantes.

Il n'en est pas toujours de même lorsqu'il reçoit un chèque. Si ce chèque est tiré sur une banque autre que celle où il a son compte, il retirera la monnaie pour la garder chez lui ou pour la verser à sa propre banque. Le dépôt passera ainsi d'une banque à l'autre, souvent au moyen d'un virement de la Banque centrale, chez laquelle les deux banques ont un compte ouvert et par l'intermédiaire de laquelle elles règlent quotidiennement leur position respective de créancières ou de débitrices, selon les soldes que présente la masse des opérations de leurs clients effectuant des versements ou des retraits.

Plus le public s'habituera au mécanisme des dépôts et moins il aura besoin de billets. Entre particuliers ou sociétés ayant des comptes ouverts chez les établissements de crédit, toutes les opérations peuvent se régler par écriture sur les livres des banques, sans intervention effective de numéraire métallique ni de billets. L'or reste à la base de toute l'organisation, pour déterminer la valeur effective de l'unité monétaire; mais la représentation numérique des diverses sortes de capitaux qui s'échangent entre les humains et dont la quantité va croissant dans les sociétés modernes, s'effectue de plus en plus au moyen de la comptabilité bancaire, dont les chiffres vertigineux des chambres de compensation indiquent l'importance. Essayons par un exemple de montrer quelle est l'importance respective des divers instruments de paiement par voie directe ou indirecte dans un pays moderne. Si nous exprimons par 1 la quantité des billets de banque ou d'Etat existant aux Etats-Unis, nous trouvons que celle du numéraire qui y circule est représentée par le nombre 2, celle des dépôts par le chiffre 12 et celle des règlements annuels des chambres de compensations par 132.

	Millions de dollars.
Billets des banques fédérales nationales	1.500 ⎱
Greenbacks et certificats d'argent.	800 ⎰ 2.300
Monnaies en circulation aux Etats-Unis (non compris les stocks déposés dans les caisses du Trésor.	4.700
Dépôts dans les banques . . .	27.000
Règlements par compensations .	304.000

Si nous additionnons les monnaies, les billets et les dépôts, nous trouvons un chiffre de 34 milliards de dollars, soit le neuvième du total des compensations. Un calcul sommaire nous montre que chaque dollar de métal a servi de base à des règlements pour une quantité six fois supérieure en dépôts de banque et 65 fois supérieure en compensations. Mais celles-ci sont loin de représenter la totalité des échanges.

Avant de quitter ce chapitre, nous ferons remarquer qu'aux Etats-Unis comme en Angleterre le dépôt joue un rôle de plus en plus important par rapport au billets La constatation de ce mouvement se fait aisément au

moyen de la simple inspection des bilans des banque.
nationales, qui cumulent les deux fonctions d'émettrices
de billets et de réceptrices de dépôts ; elles ont mis 700 millions de billets en circulation et reçu 14 milliards de
dépôts ; la proportion des premiers aux seconds est de 1
à 20. Il est vrai que les banques fédérales présentent un
aspect tout différent : 1.120 millions de circulation contre
1.500 millions de dépôt, mais elles ne sont qu'au début
de leur existence. Il est probable d'ailleurs que les opérations d'émission se concentreront de plus en plus dans
leurs mains, tandis que les banques nationales redevien-
dront de simples banques de dépôts.

Dans le Royaume-Uni les dépôts représentent 40 fois
la circulation de la Banque d'Angleterre (2 milliards
contre 50 millions de livres sterling). Si on ajoute les billets du gouvernement, on trouve que les dépôts forment
en ce moment un total sept fois supérieur à celui de la
circulation, 2 milliards contre 300 millions de livres sterling. Ces chiffres démontrent qu'il est au pouvoir du
public d'éviter le retour de crises semblables à celles du
mois d'août 1914. Qu'il s'abstienne d'opérer des retraits
immodérés et qu'il reste persuadé que les sommes qu'il
a en dépôt dans les banques restent disponibles. Qu'il
en use, au moyen de chèques, au fur et à mesure de
ses besoins, — et le jeu normal de l'activité bancaire ne
sera pas interrompu ; aucun moratoire ne sera nécessaire, puisque l'immense majorité des besoins, même en
temps de crise, se traduit par le simple transfert de sommes
déterminées de certains comptes à d'autres comptes.

CHAPITRE V

BANQUES D'AFFAIRES

Les banques d'affaires ne constituent pas une catégo-
rie bien nettement délimitée ; elles sont ainsi dénommées
parce qu'elles ont une liberté d'action et une variété
d'attributions qui empêchent de les classer dans l'une
quelconque des autres espèces énumérées par nous. Ce
qui les caractérise, c'est précisément le fait qu'elles
exercent leur action dans l'ensemble du domaine financier. Sauf l'émission des billets, qui, excepté aux Etats-
Unis, est presque partout réservée à des établissements
spéciaux, et celle de lettres de gage qui est l'apanage des
crédits fonciers, elles s'adonnent, tour à tour ou simul-
tanément, aux opérations d'escompte, d'avances à la
souscription de fonds publics et surtout aux créations
de sociétés, au placement de titres. Il résulte de la
nature même de cette dernière partie de leur activité
qu'elle doit s'exercer au moyen de capitaux propres plutôt qu'avec ceux du public, parce que des sommes en-
gagées dans l'industrie ne sont pas immédiatement disponibles et qu'elles ne sauraient donc, en bonne gestion,
être prélevées sur des dépôts exigibles à tout moment.
L'un des traits particuliers de la banque d'affaires, celui
qui apparaît à la première inspection de son bilan, c'est
l'importance relative de l'argent qui lui appartient en
propre, par rapport à celui que des tiers lui ont confié.
Son capital et les réserves qu'elle a pu constituer au
cours d'une gestion heureuse forment une proportion
beaucoup plus considérable du passif total que dans les
comptes des banques de dépôt ou d'émission, qui travaillent essentiellement avec leurs dépôts ou leurs
billets.

Certes, une banque d'affaires entretenant des relations nombreuses, non seulement dans son propre
pays, mais à l'étranger, est amenée à recevoir de sa

clientèle des sommes qui restent entre ses mains pendant un temps plus ou moins long. Mais ces montants ne constituent pas, à proprement parler, le dépôt qui est le fait du commerçant, de l'industriel ou du particulier versant des fonds à un établissement par l'intermédiaire duquel il règle la majeure partie de ses opérations actives et passives, de débours et de recettes. Cela est si vrai que beaucoup de banques d'affaires n'inscrivent même pas de rubrique « dépôts » à leur passif, dans lequel on ne voit figurer que des comptes courants créditeurs.

Prenons le dernier bilan de la Banque de Paris et des Pays-Bas, qui est la principale de nos banques d'affaires françaises ; au 31 décembre 1917, elle avait 297 millions de comptes courants créditeurs, formant 48 °/₀ du passif, tandis que le capital et les réserves d'ensemble 200 millions, représentaient 32 °/₀ de ce même total, qui était de 620 millions. Le bilan du Crédit lyonnais que nous avons examiné au chapitre précédent, indique, à la même date, 1.767 millions de dépôts, soit 62 °/₀ de l'addition d'un des côtés du bilan, tandis que le capital et les réserves n'en forment que 15 °/₀.

Nulle part la démarcation entre banques d'affaires et banques de dépôt n'est plus nette qu'en Angleterre. Pendant longtemps même il n'y exista pas de banques d'affaires constituées en sociétés par actions. C'étaient des maisons particulières, telles que les Baring, les Rothschild, les Goschen, les Murietta, qui s'acquittaient de cette fonction : elle paraît à nos alliés tellement différente de celle de la banque proprement dite, que des financiers de l'importance de ceux que nous venons de nommer sont désignés dans la Cité comme *merchants* (négociants) et non pas comme *bankers* (banquiers).

Aujourd'hui encore ce sont des maisons particulières qui s'adonnent à la partie du métier de banque qu'on pourrait appeler plus spécialement la finance : si la maison Baring, à la suite des événements de 1890, s'est transformée en société par actions, beaucoup d'autres ne l'ont pas fait et continuent à déployer leur activité dans une direction différente de celle des *joint stock banks*.

En Italie.

Dans d'autres pays, comme en Italie, le mélange des deux activités est au contraire complet, et il n'existe pour ainsi dire pas de banque qui puisse être rangée dans l'une ou l'autre des deux catégories. Les grands établissements tels que la Banque commerciale italienne, le Crédit italien, la Banque d'escompte, sont à la fois des banques de dépôts et des banques d'affaires. Leur progression dans les deux voies est pour ainsi dire parallèle : elle a été particulièrement remarquable au cours de la guerre. Les bilans donnent la preuve éclatante de ce brillant développement qui a coïncidé avec une expansion de l'industrie italienne, avec laquelle les relations des établissements de crédit sont devenues de plus en plus intimes. L'une des dates les plus remarquables de cette évolution a été celle de l'assemblée générale extraordinaire de la Banque commerciale, qui, au mois de juillet 1918, a décidé de porter son capital de 156 à 208 millions de lires par l'émission de 104 mille actions nouvelles de 500 lires chacun, offertes aux anciens actionnaires à raison de 1 pour 3, au prix de 750 lires, c'est-à-dire avec 50 °/₀ de prime. Dans cette réunion, le Conseil a fait connaître les accords intervenus entre lui et un groupe propriétaire de 130.000 actions de la banque, qui comprend une centaine de sociétés ou de maisons, et dans lequel toutes les branches de l'activité industrielle sont représentées. Par l'intermédiaire de quatre délégués, il sera en communication constante avec le Conseil d'administration, qui trouvera là un point d'appui en même temps qu'une occasion de rester en contact avec une partie importante de ses actionnaires.

Jamais encore, en aucun pays, l'alliance de la banque d'affaires et de l'industrie ne s'était aussi nettement manifestée. Les financiers italiens ont tranché le problème qui se discutait entre professionnels et qui consistait à se demander dans quelles mesures la banque doit participer à l'industrie. Ils ont affirmé la solidarité des deux activités, en mettant les capitaux des établissements de crédit à la disposition des entrepreneurs.

Voici comment s'exprimait à cet égard le rapport à l'assemblée du 9 juillet 1918. « Le travail de notre banque est devenu de plus « en plus intense au cours des der- « niers exercices, selon les directives qui ont été les « nôtres dans le passé et le seront dans l'avenir. Nous « entendons assurer l'appui spontané et pondéré de nos « moyens financiers à la consolidation et au développe- « ment des énergies productives nationales. » Une pareille politique peut avoir d'heureux résultats pour le développement économique de la nation ; elle exige, de la part des administrateurs des banques, une compétence toute particulière, une prudence de tous les instants, une grande sûreté de jugement. C'est un exemple des plus intéressants à étudier.

Voici les chiffres principaux du bilan de la Banque commerciale italienne, qui donnent une idée de l'ampleur de ses transactions : au 31 décembre 1917, la Banque, avec un capital de 155 millions de lires, avait près de 1.000 millions de comptes de dépôts et de comptes créditeurs. Le mouvement général des comptes a été en 1917 de 132 milliards contre 75 en 1913. Le bilan se totalisait par plus de 4 milliards, dont le capital ne représentait qu'un peu plus de 3°/₀, ou 6 °/₀, si on additionna les réserves, tandis que les sommes déposées par les clients ou les correspondants en formaient la moitié.

En Angleterre.

En Angleterre, les banques proprement dites se tiennent à l'écart des affaires industrielles ou n'y interviennent que par l'ouverture de crédits à court terme. Cette situation a amené la création en 1917 d'une société au capital de 10 millions de livres sterling (250 millions de francs), dite la corporation commerciale britannique (*British Trade Corporation*) qui, parmi les nombreux buts que lui assignent ses statuts, a inscrit le concours donné à l'industrie sous les formes les plus diverses. La société fournit des avis et une assistance financière aux entreprises commerciales et industrielles anglaises dès leur début. Elle consent des avances pour les nouveaux travaux, l'extension des installations, la fusion et la coordination des usines et des entreprises. Elle cherche à procurer des ordres de l'étranger aux manufacturiers et aux ingénieurs britanniques ; elle accorde des facilités financières pour l'exétion de ces commandes. On voit combien ce programme est vaste. Observons que cette corporation n'est pas classée par nos alliés comme une banque, mais comme un établissement d'une nature spéciale qui remplit certaines des fonctions de la banque, mais qui s'acquitte de beaucoup d'autres tâches que la cité de Londres considérait jusqu'ici comme incompatibles avec la banque proprement dite.

Il convient cependant de noter que les *joint stock banks* paraissent vouloir entrer dans une voie nouvelle. L'absorption par la Lloyds-bank de la London and River Platebank, qui était une véritable banque d'affaires, est un des symptômes qui indiquent que, même chez nos alliés d'outre-Manche, la séparation des établissements ne sera plus maintenue dans l'avenir aussi rigoureusement que dans le passé.

Aux Etats-Unis.

Aux Etats-Unis, le mélange des diverses attributions est poussé beaucoup plus loin qu'ailleurs chez les banques dites nationales ; elles émettent des billets, reçoivent des dépôts et, tout en restant soumises à des prescriptions législatives en ce qui concerne ces deux branches de leur activité, se livrent à toutes autres opérations. Les 7.700 banques nationales qui existaient à la fin de l'année 1917 avaient un capital de plus d'un milliard de dollars, plus de 5 milliards de francs, et des réserves à peu près égales. Leurs dépôts atteignaient 12 milliards de dollars, environ 60 milliards de francs. A chaque dollar de capital et de réserve, correspondaient 6 dollars de dépôt. Depuis 1909, c'est-à-dire en huit ans, les ressources des banques nationales ont doublé : elles dépassent aujourd'hui 100 milliards de francs ; elles sont supérieures d'environ 15 milliards aux ressources additionnées de toutes les banques organisées en vertu de la législation particulière des Etats(*State banks*)des banques particulières qui publient leur bilan et des sociétés fiduciaires (*Trust companies*). Ce second groupe a progressé également au cours des dernières années, mais moins rapidement que celui des banques nationales.

Ce que les Américains appellent le pouvoir bancaire (*banking-power*)de leur pays dépasse aujourd'hui 200 milliards de francs. Ce chiffre résulte de l'addition des capitaux, des réserves, des dépôts et des billets émis par les 30.000 établissements qui fournissent les éléments de cette impressionnante statistique. Le rapport adressé le 3 décembre 1917 au président de la Chambre des représentants par le contrôleur de la circulation (*comptroller of the currency*), c'est-à-dire du fonctionnaire fédéral qui surveille ce gigantesque organisme, s'exprime ainsi.

« Plus sont vastes les ressources de notre pays, et
« plus sont grands nos devoirs et notre responsabilité.
« Nous avons la tâche imposante, non pas seulement de
« satisfaire nos besoins essentiels, mais de nous tenir
« prêts à répondre aux demandes que nos alliés nous
« adressent pour les soutenir dans la lutte gigantesque
« qui se poursuit dans le monde... Notre pays est devenu
« le grand réservoir financier et le grand quartier géné-
« ral de la banque mondiale. C'est sur lui que comptent
« de puissantes nations, dont les capitaux furent jadis mis
« largement au service du commerce et de l'industrie
« des deux hémisphères, mais qui aujourd'hui attendent
« de nous que nous leur fournissions le nerf de la
« guerre. »

Dans le même rapport, le contrôleur déclare que les banques nationales sont plus fortes, plus sûres, plus fidèlement attachées à leurs statuts et mieux dirigées qu'à aucune autre époque de leur histoire. Leurs dépôts sont quarante fois supérieurs au chiffre des billets émis. Il est probable que ceux-ci iront désormais en diminuant et que la circulation sera de plus en plus alimentée par les 12 banques fédérales de réserve, destinées, dans l'esprit du législateur, à devenir, au bout d'une certaine période, les seuls instituts d'émission de la Confédération. Les banques nationales, peu à peu déchargées de cette fonction, s'adonneront désormais plus activement aux autres branches de la banque, notamment aux relations extérieures. Elles ont été récemment autorisées à ouvrir des succursales à l'étranger. Quelques-unes d'entre elles, qui comptent parmi les plus importantes, se sont prévalues de cette faculté et commencent à exercer une action, qui n'est pas négligeable, sur les places du dehors. Dans la suite, elles seront sans doute amenées à collaborer de plus en plus avec les industriels et les négociants : elles développeront ainsi le côté des affaires proprement dites, sans cesser pour cela d'être établissements de dépôts.

D'une façon générale, il semble qu'un des résultats de la guerre ait été d'amener les banques d'affaires à prendre une part plus directe et plus intime au mouvement économique de chaque pays. Cette évolution a été accompagnée de certains phénomènes qui méritent d'être notés. Dans un pays comme le nôtre où, grâce à une grande abondance de capitaux, nous avons pu, pendant de longues années, en exporter le trop plein, les événements actuels ont créé des besoins intenses à l'intérieur de nos frontières. Les banques ont mis leurs ressources à la disposition de l'industrie nationale et continueront à le faire aussi longtemps que cela sera nécessaire. Inversement les banques américaines qui jusqu'ici ne s'étaient guère préoccupées des marchés extérieurs, commencent à rayonner au dehors, en Amérique du Sud, en Asie, en Europe. Elles croient bien servir leur pays en faisant ce qu'on a parfois reproché à nos établissements de crédit, alors qu'ils exerçaient une influence permanente sur un grand nombre de nations et d'entreprises étrangères. Il est piquant d'observer cette évolution en sens inverse. La guerre l'expliquait alors que les Etats-Unis étaient encore neutres ; elle se comprendrait moins aisément, aujourd'hui qu'ils sont entrés dans la lutte, si nous ne savions quelle est leur force. En tout cas les détracteurs de la finance française trouveront dans cette constatation la preuve qu'une communauté financière puissante cherche tout naturellement à rayonner au dehors et à faire fructifier ses capitaux au delà des frontières nationales.

CHAPITRE VI

BANQUES HYPOTHÉCAIRES
CRÉDITS FONCIERS

Les banques hypothécaires sont celles qui sont le plus spécialisées dans une seule classe d'opérations. Leur objet est de consentir des prêts immobiliers. Elles ne sauraient le faire au moyen de dépôts exigibles à vue ou à court terme, puisque les emprunteurs hypothécaires ne remboursent que lentement les sommes qui leur ont été avancées. Dès lors, les banques, sont amenées à émettre des obligations ou lettres de gage dont le capital n'est exigible que dans les conditions où elles rentrent elles-mêmes dans les capitaux dûs par les propriétaires emprunteurs. L'art de celui qui administre un établissement de crédit foncier consiste à maintenir une concordance aussi exacte que possible entre les dates d'exigibilité de ses prêts et de remboursement de ses obligations. Comme en général il est permis aux emprunteurs de s'acquitter, s'ils le désirent, avant l'échéance, il convient que l'établissement hypothécaire se réserve le droit d'appeler au remboursement anticipé les obligations qu'il a placées, en leur assignant une durée égale à celle des prêts, dans le public. Afin que le remboursement s'effectue dans des conditions qui ne soient pas onéreuses, il faut que les titres aient été émis au pair ou à des cours peu éloignés du pair : autrement la prime, c'est-à-dire l'écart entre le prix encaissé à l'origine et la somme à verser pour le rachat du titre, constitue un fardeau très lourd pour l'établissement.

Les opérations de prêt hypothécaire sont effectuées en France par le Crédit foncier de France, qui a des attaches officielles, mais ne jouit pas d'un monopole. Il a reçu de l'Etat deux avantages : le premier, c'est de pouvoir réaliser plus vite et plus facilement qu'un créancier ordinaire les immeubles qui lui sont donnés en gage, lorsque l'emprunteur ne se libère pas à l'échéance. Le second consiste dans la faculté qui lui a été concédée d'émettre des obligations à lots, grâce auxquelles il se procure des ressources à meilleur marché que les autres établissements qui n'ont pas reçu la même autorisation.

Il en résulte que le Crédit foncier de France effectue une partie notable des prêts hypothécaires qui se font dans le pays. Au 31 décembre 1917 il avait des créances hypothécaires pour près de 3 milliards de francs. Il est également autorisé par ses statuts à faire des prêts communaux, dont le total dépasse 2 milliards de francs.

A l'étranger, nous trouvons des organisations qui se différencient plus ou moins de la nôtre. En Allemagne, les opérations de prêt hypothécaire ne sont pas l'apanage d'un seul établissement. Il existe une quarantaine de banques (Hypotheken Banken) qui se livrent à ce genre d'opérations et qui sont tenues d'observer certaines prescriptions qui forment comme le code de la matière. A la veille de la guerre, elles avaient consenti des prêts pour 12 milliards de marks, c'est à-dire, au change d'alors, environ 15 milliards de francs.

Aux Etats-Unis, les opérations hypothécaires ne sont pas seulement le fait des banques hypothécaires (*Mortgage banks*). D'autres établissements, notamment les banques d'épargne (*Savingsbanks*), les compagnies de prêts et de fidéicommis (*Loan and Trust Companies*) ont, dans leur actif, des avances de cette nature. Au 20 juin 1917, le total en atteignait 3 milliards et demi de dollars, soit une vingtaine de milliards de francs. Ce chiffre représentait environ 30 %, de l'ensemble des prêts de toute nature consentis par les 20.000 établissements (autres que les banques nationales).

Dans plusieurs pays, on a essayé de confier les opérations hypothécaires à la Banque d'émission, mais les résultats n'ont pas été encourageants. Il est aisé de comprendre que rien n'est plus contraire à la politique véritable d'un institut d'émission, qui doit toujours avoir un maximum de ressources disponibles, que des avances à très longue échéance qui constituent la plus lourde des immobilisations. Aussi y a-t-on renoncé. Là où subsiste un héritage de ce passé, on a séparé complètement les affaires hypothécaires des autres. Par exemple la Banque austro-hongroise a bien encore à son actif des créances hypothécaires pour 300 millions de couronnes et à son passif un chiffre égal de lettres de gage : mais ces sommes sont invariables depuis nombre d'années, ce qui indique que l'établissement ne développe plus son activité de ce côté-là. La Banque d'Italie a pris à sa charge la liquidation des opérations immobilières de l'ancienne Banque nationale et de la Banque romaine : elle a fait peu à peu disparaître de son bilan tout ce qui avait trait à ces affaires, qui avaient mis en péril l'existence même de l'un de ces établissements.

Préoccupé de maintenir une ligne de démarcation très nette entre la banque hypothécaire et la banque de dépôt, le législateur français a voulu que le Crédit foncier restât cantonné dans ses opérations propres. L'article 2 de ses statuts limite les sommes que l'établissement peut recevoir en dépôt de sa clientèle. Ce chiffre maximum, fixé à 80 millions en 1869, élevé à 100 millions en 1882, est de 125 millions de francs, depuis le décret du 3 août 1911.

CHAPITRE VII

BANQUES POPULAIRES

Les banques populaires méritent une mention spéciale, non parce qu'elles se distinguent d'une façon essentielle des autres, mais parce que, dans certains cas, des modalités particulières régissent leur capital, et que, d'une façon générale, leur fonctionnement a été adapté aux besoins des citoyens auxquels leurs services sont plus particulièrement destinés.

Ces établissements sont très développés en Italie, qui peut être considérée comme la patrie des banques : cette industrie y était déjà florissante sous l'ancienne Rome ; au moyen âge, beaucoup des petites Républiques qui vécurent d'une vie si intense dans la péninsule, eurent des dynasties de banquiers demeurées célèbres, des institutions comme las Banques de Gênes et de Venise, qui tinrent une grande place dans l'histoire de ces glorieuses cités. Des institutions encore existantes, comme la Banque de Naples, la Banque de Sicile, remontent à une époque lointaine et conservent une allure archaïque qui s'est cependant heureusement adaptée aux besoins du monde moderne.

L'idée-mère des banques populaires a été bien résumée par M. Rayneri, qui fut vice-président du centre fédératif du crédit populaire en France. « Le crédit populaire », écrivait-il dans sa préface du *Manuel des Banques populaires* « doit prendre sa source dans le peuple
« lui-même, par l'application des principes de coopération
« qui permettent à l'épargne et au travail de se rappro-
« cher par le moyen de l'association. Les classes popu-
« laires doivent préparer elles-mêmes l'outillage destiné
« à leur fournir les ressources nécessaires pour accom-
« plir les réformes auxquelles elles aspirent. Or le pre-
« mier but à atteindre, celui qui forme le pivot de toutes
« les autres améliorations, c'est le crédit. Jusqu'ici l'or-

« ganisation du crédit n'a guère répondu qu'aux besoins
« des grandes entreprises... Qu'est-ce donc qu'une ban-
« que populaire ? C'est une association de travailleurs
« honnêtes, d'hommes de progrès qui, sans distinction
« d'opinion ni de confession, mettent en commun leurs
« épargnes, leur expérience, leur intelligence pour se
« procurer mutuellement le crédit à bon marché, diriger
« vers les activités locales une partie des capitaux dis-
« ponibles et bénéficier des produits des opérations com-
« munes. »

Ces banques peuvent abaisser à 25 francs le montant
de leurs actions (loi de 1867 modifiée par celle du
1er avril 1893). Elles ne font en principe d'opérations
d'escompte et d'avances qu'avec leurs associés. Toutefois, après que les demandes de ces derniers ont été sa-
tisfaites, elles peuvent, pour ne pas laisser leur capitaux
improductifs, traiter avec des tiers, mais en ayant soin
d'éviter toute immobilisation. Les opérations actives des
banques populaires consistent en escompte, prêts directs
reposant sur la valeur personnelle du sociétaire, avances
sur titres, découverts en comptes courants ; les opérations passives, en ouverture de comptes courants, de
comptes d'épargne, de comptes de dépôts à échéance fixe.

On voit que ces opérations sont identiques à celles
des banques ordinaires. La différence consiste avant tout
dans les dimensions de l'établissement : dans la plupart
des cas le capital, tout au moins initial, de la Banque
populaire, est très modeste par rapport à celui des grandes
sociétés de crédit. Tout l'appareil est simplifié, les frais
généraux aussi réduits que possible. On a dit que les
institutions de crédit populaire étaient aux autres ce que
la justice de paix est aux tribunaux de première instance
ou aux cours d'appel. Il n'y a pas de différence dans les
principes d'après lesquels les causes sont instruites et
les jugements rendus : il n'y en a pas non plus dans ceux
qui gouvernent les opérations des banques. Mais l'organisme s'adapte au milieu.

Les banques allemandes, connues d'après le nom de
Schulze-Delitsch, comportent la responsabilité illimitée
des associés. Cette responsabilité s'exerçait de deux

façon. Dans un premier système résultant de la loi de 1808, le créancier avait le droit (*Enzelangriff*) de poursuivre n'importe lequel des associés. Une seconde modalité résulte de la loi de 1889. Dans les banques qu'elle régit, le créancier ne peut plus s'adresser qu'au syndic de la faillite, sauf à ce dernier à actionner chaque associé et à le rendre responsable par voie de versements supplémentaires.

Aucun actionnaire ne peut posséder plus d'une action, laquelle est incessible. On ne peut sortir de la société qu'en restant responsable encore pendant deux ans et en ne retirant que l'argent versé sur son action, la part proportionnelle de la réserve restant acquise à la société.

Dès 1888, il existait 2.100 banques Schulze-Delitsch qui faisaient des avances s'élevant par an à 2 milliards de francs. Raiffeissen, l'émule de Schulze-Delitsch, voulait que l'élément moral et religieux jouât un rôle dans les institutions qu'il fondait. Les sociétaires sont responsables *in infinitum*. Les directeurs ne sont pas rétribués ; le comptable seul reçoit un léger traitement. Les unions ne font d'affaires qu'avec leurs membres, à qui elles consentent des avances à long terme : ce sont essentiellement des Caisses rurales. Elles ont d'ailleurs reçu des subventions gouvernementales.

Les premières banques populaires italiennes remontent à 1864. Elles eurent, dans la personne du grand homme d'Etat Luigi Luzzatti, un ardent propagandiste. Dès le début, il insista pour que la responsabilité des associés fût limitée au montant de leur part et non pas illimitée comme en Allemagne. En 1887 il existait dans la péninsule 700 banques populaires.

La fédération des banques populaires italiennes a tenu de nombreux congrès, qui en ont discipliné et unifié les conditions administratives. Dans un rapport de 1887, Luzzatti rappelait les règles qui doivent présider à leur gestion. La facilité du réescompte peut en engendrer l'abus. Il arrive que l'abondance des moyens ne corresponde pas à la solidité des critères économiques, et que les capitaux alors s'égarent dans des opérations étrangères au crédit populaire.

A côté d'elles existent des Caisses rurales, fondées sur l'initiative de Léone Wollemborg, et qui se sont, elles aussi, fédérées.

La Suisse, la Belgique possèdent également des banques populaires.

En France, les banques populaires se sont moins développées : elles ont plutôt pris la forme de Caisses agricoles, dont l'essor est considérable. Il est cependant une région où elles ont réussi, c'est celle du Sud-Est : on a souvent cité la Banque populaire de Menton qui, à côté des dépôts en compte courant, a organisé un service de livrets d'épargne, un autre d'épargne du loyer, dans lequel les dépôts ne peuvent être retirés qu'à l'échéance du terme. Elle facilite à ses actionnaires l'achat de ses titres en échelonnant sur dix mois la libération d'une action de 100 francs. Une fois qu'ils ont pris l'habitude d'économiser ainsi une somme mensuelle, on les pousse à ouvrir à chacun de leurs enfants un livret d'épargne, puis à eux-mêmes un compte de dépôt. Ensuite ils contribueront à l'activité de la banque en lui apportant des effets à l'escompte. Toutes les opérations des banque ordinaires se retrouvent ici, mais avec le caractère particulier que leur imprime la nature de la clientèle.

La forme légale à adopter par ces sociétés résulte de la loi de 1867 (titre III, sociétés à capital variable) modifiée par celle du 1ᵉʳ août 1893. Le capital maximum est de 200.000 francs divisé en actions de 25 francs : il suffit du versement d'un dixième pour constituer la société, dont les titres doivent rester nominatifs, même après leur entière libération.

CHAPITRE VIII

MAISONS PARTICULIÈRES

La façon la plus intéressante d'étudier les origines de la banque serait de suivre de près les développements de quelques-unes de ces maisons particulières qui, dans les temps les plus reculés, alors que les sociétés par actions dans leur forme contemporaine étaient inconnues, exerçaient l'industrie de la banque et transmettaient, de génération en génération, les traditions qui faisaient leur grandeur et leur réputation. Il existe encore aujourd'hui nombre de ces maisons, dont les Rothschild, les Mallet, les Vernes en France, les Chenevière, les Lombard Odier en Suisse, les Hope aux Pays-Bas, les Baring en Angleterre peuvent être cités comme des types représentatifs. Il serait instructif de posséder l'histoire de la naissance et de l'expansion de ces familles, qui ont réussi à traverser des siècles d'histoire et qui ont joué un rôle éminent dans la vie économique des nations auxquelles elles appartenaient. La tendance moderne va de plus en plus à la constitution de banques sous forme de sociétés par actions ; on a vu souvent et on voit tous les jours des maisons particulières absorbées par de grands établissements, qui font ainsi disparaître de vieilles raisons sociales. Il arrive que des maisons particulières s'organisent en sociétés par actions sans cesser de représenter une famille, dont les membres restent les principaux administrateurs de l'affaire et y perpétuent les traditions ancestrales. C'est ainsi que la transformation Baring s'est opérée, en conservant le nom dans le titre de la société nouvelle qui n'a fait que prendre la suite de la maison séculaire, connue dans le monde entier. Ce n'est pas ici le lieu de discuter les bienfaits ou les inconvénients de cette évolution. Nous ne pouvons que la constater. Sur ce point comme sur bien d'autres, le monde modifie et se modifie rapidement. De même que sur le terrain politique la masse des citoyens prend une part de plus en plus grande à la conduite des affaires publiques, de même, en matière économique, les œuvres principales s'accomplissent par les sociétés anonymes, qui groupent un nombre considérable d'actionnaires et disposent de capitaux formidables par le groupement de forces individuelles.

A côté des banques par actions, dont les capitaux propres se chiffrent par centaines de millions et les dépôts par milliards, il y a cependant encore place pour l'activité de maisons particulières. Une sorte de collaboration est établie en France par la présence, dans les conseils d'administration des banques, de nombreux chefs de ces maisons. Aux Etats-Unis, un nom comme celui de Morgan démontre à lui seul que toute l'activité bancaire n'est pas absorbée par les sociétés anonymes. C'est à l'Amérique que nous emprunterons l'exemple des résultats obtenus par une famille dont les membres ont été successivement associés à la conduite des affaires.

Dans un volume intitulé : « Un siècle de maison de banque (*a hundred years of merchant banking*) l'un des chefs de la maison Brown brothers, de New-York, a eu l'heureuse idée de raconter l'histoire d'une famille qui a joué un rôle dans le développement financier des Etats-Unis. On remarquera tout d'abord le titre, qui est bien conforme à la conception anglo-saxonne. Ce n'est pas une banque proprement dite, mais un commerce de banque-marchande (*merchant banking*) auquel se sont consacrés les divers membres de la famille Brown.

Alexandre, le fondateur, était né en 1764 à Bally-mena, dans le comté d'Antrim, au nord de l'Irlande centre d'une importante industrie linière. En 1800, il partit pour les Etats-Unis ; il se fixa à Baltimore, qui comptait alors 26.000 habitants. Brown commença à y travailler comme importateur de lin irlandais et autres marchandises. En 1805 il s'associa son fils aîné William et adopta la raison sociale Alexandre Brown et fils. L'une de ses affaires principales était l'achat de traites sur le Royaume-Uni, qui se tiraient d'Amérique sur l'Europe en représentation de marchandises expédiées, telles que tabac et autres. Grâce à sa connaissance étendue des maisons anglaises sur lesquelles le papier était fourni, Brown s'assurait une grande part des affaires de change entre l'Ancien et le Nouveau-Monde.

Quarante-sept associés se sont, en un siècle, succédé dans cette maison, dont la plupart ne sont devenus des chefs qu'après avoir fait un long et sérieux apprentissage dans les bureaux qu'ils devaient être appelés à diriger. Une confiance absolue, d'abord entre père et fils, puis entre frères, plus tard entre associés, a été la pierre angulaire de l'édifice. Evidemment c'est une conception quelque peu différente de celle de la société anonyme, dans laquelle les actionnaires ne se connaissent guère. Cependant on peut dire que les banques constituées sous cette forme plus moderne ne tardent pas, elles aussi, à bénéficier d'un véritable esprit de corps qui anime leurs dirigeants. Ceux-ci s'attachent souvent à l'établissement dont ils gouvernent les destinées avec autant de ferveur que les associés en nom collectif à la maison qu'un père leur a léguée. Les uns et les autres doivent, pour réussir, se conformer le plus possible au portrait que M. Brown trace de ses ascendants. « Ce furent des hommes pieux « qui, sans se croire supérieurs à personne, observèrent « de la façon la plus ferme une parfaite intégrité dans « toutes leurs relations. Leur but essentiel n'était pas « d'amasser une grande fortune, mais plutôt de mener « une vie simple, de gérer leurs affaires sans ostentation, « de consacrer leurs loisirs à des œuvres d'intérêt public, « auxquelles ils donnaient libéralement leur temps et « leur argent. »

Cet idéal mérite encore aujourd'hui d'être proposé à ceux qui entrent dans la carrière de la banque.

IX

CONCLUSION

Nous avons essayé de définir la banque, d'en exposer les origines, d'en indiquer les diverses espèces. Nous les avons décrites et nous nous sommes efforcés, par quelques exemples typiques, de montrer au lecteur le genre d'activité qui doit être celle de chacune de ces catégories.

On a pu se rendre compte du domaine qui est le leur, des devoirs qui leur incombent, et aussi des limites qui leur sont assignées. Normalement, elles ne doivent pas s'égarer hors du terrain plus particulièrement réservé à chacune d'elles ; toutes en principe doivent s'abstenir de certaines aventures auxquelles l'opinion publique ignorante voudrait trop souvent les pousser. Aux banques d'émission nous demanderons de veiller avec un soin jaloux sur la qualité de leurs billets, et de se tenir toujours prêts à les rembourser à vue, en espèces. Pour cela elles devront avoir une encaisse de métal jaune suffisante et employer le restant de leurs ressources en escompte de papier commercial irréprochable. Elles s'abstiendront, en temps de paix, de toute avance à l'Etat, de façon à être en mesure, lorsque la guerre éclate, de lui venir d'autant plus largement en aide que ce concours aura été intégralement réservé pour cette époque de crise.

Des sociétés de dépôt, nous attendrons une gestion impeccable des fonds qui leur sont confiés. Obligées d'être toujours prêtes à les rembourser, elles emploieront leurs disponibilités de façon à pouvoir, à toute époque et en toute circonstance, répondre aux demandes de leur clientèle. L'escompte des lettres de change et les avances à court terme formeront l'objet essentiel de leur activité. Si elles prêtent leurs guichets à des émissions de valeurs mobilières, ce sera pour guider le public dans le choix de ses placements. Elles ne consentiront à lui offrir des fonds d'Etat, des actions et des obligations d'entreprises particulières qu'après avoir minutieusement étudié les ressources des emprunteurs, le crédit des Etats, les chances d'avenir des entreprises qui font appel au public. Ce rôle de conseiller de l'épargne ne découle pas directement de leurs attributions essentielles : c'est la force des choses qui la leur impose. Les déposants qui confient aux banques des sommes importantes s'adressent tout naturellement à elles lorsqu'ils veulent les placer définitivement. Il faut être préparé à leur répondre et à leur fournir ce qu'ils demandent, mais en apportant un soin extrême au choix du papier qui leur sera recommandé.

Les banques d'affaires n'ont pas un domaine aussi nettement délimité que les banques d'émission ou les banques de dépôt. Si elles ne sont pas, en général, autorisées à émettre des billets, bien que la législation américaine de 1862 les y habilitât, aucune disposition législative ne leur interdit de recevoir des dépôts. Nous avons vu toutefois qu'elles sont caractérisées par la prédominance, dans leurs ressources, de leur capital propre, qui est leur principal instrument de travail. Dès lors leur liberté d'action est beaucoup plus grande que celle des établissements de dépôt. Le capital social n'étant exigible qu'à l'expiration de la société, celle-ci peut l'employer de tout autre façon que les banques obligées de songer constamment à conserver des disponibilités considérables. Les banques d'affaires peuvent immobiliser leur capital social et leurs réserves dans des entreprises à longue échéance. Elles peuvent créer des sociétés et jouer un rôle direct dans l'industrie. C'est à elles qu'incombe une tâche importante au lendemain de la guerre, quand il s'agit de réoutiller la France et d'organiser ou de réorganiser une foule d'usines, de mines, d'entreprises de toute sorte. Ce travail est déjà commencé et l'union s'est faite beaucoup plus intime qu'auparavant entre administrateurs de banques et de sociétés industrielles.

Le département des banques hypothécaires est nettement délimité. Il s'agit ici d'opérations d'un caractère spécial, dont le mode d'exécution est invariable et qui ne diffèrent les unes des autres que par la durée qui leur est assignée et, quelquefois, par le mode de remise du capital prêté. Il arrive que les banques se bornent à fournir une lettre de gage à l'emprunteur : mais le plus souvent elles lui versent en argent le montant du prêt consenti.

Enfin les maisons particulières, n'étant pas limitées par des statuts, sont libres de pratiquer toutes les opérations de banque, sauf celles que la loi a pu interdire ou dont elle a réservé le monopole à tel ou tel établissement. La tendance moderne, d'une façon générale, tend à concentrer les affaires de banque aux mains des sociétés anonymes, et cela pour plusieurs raisons dont la principale est la suivante : le besoin de capitaux de plus en plus considérables s'y fait sentir, et ceux-ci ne sont qu'exceptionnellement l'apanage d'un individu ou même d'une famille : aussi ne peut-on guère les réunir que par le concours d'un grand nombre d'actionnaires.

Une grave question est celle de l'intervention ou de la non-intervention de la loi dans le domaine de l'activité économique. Cette intervention est universelle en ce qui concerne les banques d'émission. Il n'est pas de pays moderne où l'Etat, à des degrés divers, n'ait réglementé la création des billets. S'il est naturel que l'autorité publique s'exerce en la matière, à cause du caractère de monnaie qui s'attache à ses signes fiduciaires, il est désirable que l'ingérence du pouvoir se borne à l'établissement d'une charte à laquelle la banque devra se soumettre, mais qui, dans des limites déterminées, lui laissera toute liberté d'agir. Si le contrôle par l'Etat est admissible dans certains cas, la gestion par l'Etat est toujours mauvaise.

En ce qui concerne les banques de dépôt, on a parfois réclamé une législation spéciale, dont la nécessité ne nous apparaît pas. Le droit commun nous semble suffisant : les conditions de publicité que l'usage a imposées à nos établissements et qui, dans l'intervalle des assemblées annuelles exigées par la loi, tiennent les actionnaires et la clientèle au courant des modifications survenues en cours d'exercice, n'ont pas besoin d'une sanction légale. Nous ne désirons pas non plus voir le législateur intervenir pour déterminer le mode d'emploi des dépôts. La sagesse et l'expérience des administrateurs valent infiniment mieux que des prescriptions rigides, qui risqueraient d'être excessives ou de n'ajouter aucune garantie à celles que fournit la personnalité des dirigeants.

En matière hypothécaire, le Gouvernement intervient de diverses façons. Parfois il édicte une législation générale qui s'applique à toutes les banques, s'occupant de faire des prêts immobiliers et d'émettre les obligations nécessaires pour réunir les fonds qu'elles avancent à leurs emprunteurs ; ou bien, comme en France, il accorde certains avantages spéciaux à un établissement fondé sous son patronage et auquel en retour, il impose un certain nombre de conditions, en ce qui concerne, soit son administration, soit la gestion de ses fonds.

Les banques populaires ou les établissements qui, sans porter ce nom, s'en rapprochent par leur but, reçoivent en général du Gouvernement des faveurs destinées à en faciliter la création et le développement. Il entre dans leur organisation certains éléments qui relèvent de considérations sociales plutôt qu'économiques.

*
* *

L'étude à laquelle nous nous sommes livrés nous amène à une dernière conclusion. L'examen des diverses opérations qui forment l'apanage du banquier nous a permis de nous rendre compte des qualités qui lui sont nécessaires pour mener à bonne fin ses tâches multiples. Il lui faut tout d'abord une connaissance approfondie de la partie technique de sa profession, notamment de la comptabilité, de la tenue des livres, des changes, des marchés financiers et de leurs usages, tant en France qu'à l'étranger. En second lieu, il doit être au courant de la situation de sa clientèle, qui peut s'étendre depuis de modestes commerçants jusqu'à des Etats de première grandeur : de multiples expériences nous ont appris qu'il peut n'être pas sans danger de faire crédit à ces derniers. En troisième lieu, le banquier digne de ce nom est constamment préoccupé de suivre le développement économique, non seulement de son propre pays, mais encore du reste du monde. Il ne se désintéressera d'aucune des grandes questions agricoles, industrielles, commerciales, financières, qui se posent devant les peuples et les gouvernements ; car la solution donnée à ces problèmes, a des conséquences sur les mouvements des capitaux, les taux d'escompte, le crédit d'un grand nombre de particuliers et de sociétés. Au point de vue de la valeur du papier, c'est-à-dire de l'ensemble des lettres de change qui lui sont quotidiennement offertes à l'escompte, le banquier a besoin d'être renseigné sur les divers points que nous venons d'indiquer. Même en limitant son rôle à ce qui en constitue l'élément primordial, c'est-à-dire la distribution du crédit, on voit tout ce que le banquier doit savoir pour éviter les écueils dont sa route est semée.

A ces connaissances étendues il doit joindre des qualités d'une autre nature, en première ligne le caractère. Nous ne parlons pas seulement de l'esprit d'ordre, de méthode, de travail qui est nécessaire dans toutes les carrières à celui qui veut réussir ; nous envisageons la fermeté et la rectitude de jugement, la rapidité de décision, la résistance aux sollicitations de ceux qui voudraient introduire dans la conduite des affaires des considérations de sentiment, la préoccupation constante des engagements pris et de la nécessité d'être prêt à répondre à toutes les demandes de sa clientèle.

La réunion des qualités nécessaires chez un banquier digne de ce nom n'est point banale. On peut dire qu'elle ne se rencontre que chez des hommes d'élite. La banque étant avant tout l'art de gérer les capitaux du public, celui-ci saura gré aux détenteurs de son argent d'apporter une extrême prudence dans le choix des emplois qu'il en fera. Mais il réclamera d'eux, en même temps, une sorte de direction pour les placements qu'il effectue et dont le but doit être à la fois de lui procurer des revenus substantiels et assurés, et de favoriser le développement de toutes les énergies nationales.

Tel est le beau rôle qui est dévolu à la banque et

qu'elle s'est efforcée de remplir au cours de la guerre. Au lendemain de la paix, sa tâche ne fait que grandir, en raison de l'importance des capitaux dont l'industrie, l'agriculture et le commerce ont besoin et qu'ils demandent à ceux qui en gardent les réservoirs. C'est maintenant qu'apparaissent les multiples problèmes de la production et de la distribution de la richesse, dont la solution aura une influence considérable sur la vie économique du pays.

Il faudra évidemment consacrer la majeure partie de nos ressources au travail intérieur : mais ce serait une lourde faute que de nous désintéresser de ce qui se passe à l'étranger. Nous devons non seulement conserver nos positions acquises et veiller à la sauvegarde des capitaux que nous avions, en d'autres temps, placés dans divers continents, tels que l'Amérique du Sud ; mais nous aurons à exercer une action sur divers points, tels que la Syrie et d'autres régions des Balkans et de l'Orient, où l'influence politique de la France devra entraîner une intervention financière. Là-bas comme ici le rôle de la Banque sera considérable.

TABLE

Le Gérant : Edmond Schneider.

MAYENNE, IMPRIMERIE CHARLES COLIN

LIBRAIRIE BERNARD GRASSET

PARIS — 61, rue des Saints-Pères, 61 — PARIS

DERNIÈRES PUBLICATIONS

Collection in-18 jésus. — Prix. . . . . 3 fr. 50

(Majoration temporaire 30 0/0)

ANDRÉ MAUROIS :

Les Silences du Colonel Bramble

ROMAN D'UN OFFICIER ANGLAIS

Ce livre est au soldat anglais ce que *Gaspard* est au soldat français. Et c'est aussi toute la bravoure calme et froide de l'officier de la Grande-Bretagne, du « Gentleman-Soldat » avec une pointe de cet humour britannique si franc, si cordial et si drôle.

MAXIME LEROY :

Pour Gouverner

* * *

Lettres sur la Réforme gouvernementale

GUGLIELMO FERRERO :

Le Génie latin et le Monde moderne

CHARLES PÉGUY :

Œuvres choisies

EDGARD MILHAUD :

La Société des Nations

Comte DE FELS :

L'Entente et le problème autrichien

ROBERT DE JOUVENEL :

La République des Camarades

PAUL REBOUX & CHARLES MULLER :

A la Manière de...

Les trois séries réunies en 2 volumes.

CHEMINS DE FER PARIS-LYON-MÉDITERRANÉE

La Compagnie P.-L.-M. a l'honneur d'informer le Public qu'à partir du 8 courant, le poids des bagages admis à l'enregistrement sera limité à 30 kilogs par voyageur pour les parcours supérieurs à 80 kilomètres, quels que soient les trains empruntés.

Pour les parcours égaux ou inférieurs à 80 kilomètres, le poids des bagages sera limité à 80 kilogs par voyageur (30 kilogs de franchise et 50 kilogs d'excédent).